Välkommen till

Welcome to   Willkommen in   Bienvenue à

STOCKHOLM

Bobby Andström

Wahlström & Widstrand · Stockholm

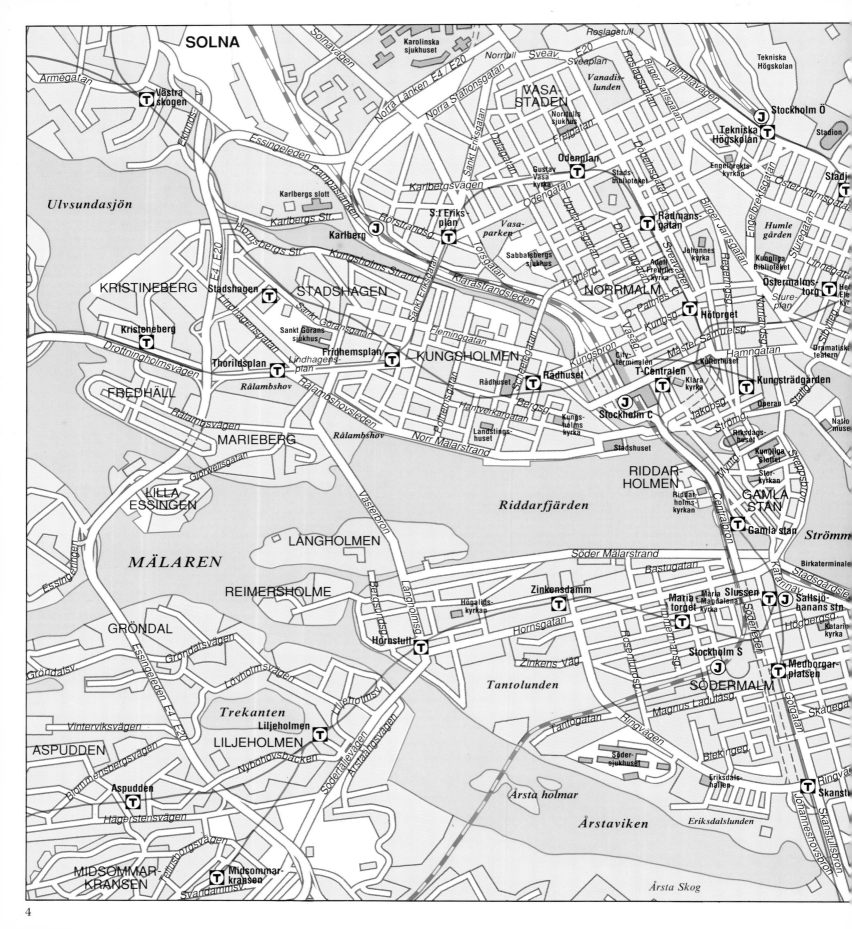

Kungliga tennishallen
Siljaterminalen
Tegeluddsvägen E20
Södra Hamnvägen
Gärdet
Sandhamnsg.
Brantingsgatan
Erik Dahlbergsg.
Värtavägen
Valhallavägen
Karlaplan
Lindarängsvägen
LADUGÅRDSGÄRDET
Narvavägen
Banérg.
Oxenstiernsgatan
TV-huset
Kaknästornet
Oscars kyrka
Historiska museet
Radiohuset
Gärdesg.
Berwaldhallen
Djurgårdsbrunnsvägen
Sjöhistoriska museet
Tekniska museet
Folkens museum Etnografiska
Strandvägen
Djurgårdsbrunnsviken
Nordiska museet
Rosendals slott
Vasa museet
Biologiska museet
Skansen
DJURGÅRDEN
Moderna museet
Liljevalchs konsthall
Djurgårdsvägen
Gröna Lunds Tivoli
Kastellholmen
Waldermarsviken
Beckholmen
Prins Eugens Waldemarsudde
SALTSJÖN
Vikingterminalen
Finnbodavägen
FINNBODA
Henriksdal
Kvarnholmsvägen
HENRIKSDAL
Sofia kyrka
Vita Bergen
Barnängsg.
Tegelviksgatan
ALPHYDDAN
Sickla
Nacka
Hammarby Sjö
SÖDRA HAMMARBYHAMNEN
TALLBACKEN
Hammarbyvägen
Gillevägen
0
1km

Välkommen till Stockholm!

Välkommen till Stockholm, Sveriges huvudstad, Nordens Venedig. Här lever och verkar mer än en miljon människor i en stad som helt visst är en av världens vackraste.

Stockholms centrum med Norrmalm, Gamla stan och Södermalm ligger strategiskt mellan det stora sjösystemet Mälaren och Saltsjön som leder ut till Östersjön. Den som har turen att en klar dag anlända till Stockholm med flyg får en skönhetsupplevelse – den världsberömda skärgården med sina 25 000 öar och skär är en lockande syn. Det är kanske inte så märkligt att en tysk geograf år 1532 jämförde Stockholm med Venedig. Stadens vattenomflutna öar leder tankarna till dogernas stad vid Adriatiska havet, men bilden haltar. Här finns inga trånga kanaler mellan flagnande husväggar. Stockholm bjuder på bebyggda öar och däremellan öppna glittrande fjärdar och vikar som ger rymd och ljus åt en modern och välordnad storstad.

Namnet Stockholms ursprung har länge varit omtvistat. År 1252 nämns namnet Stockholm för första gången i ett kungligt brev. Det finns en skröna om hur den närbelägna medeltidsstaden Sigtunas styrande i ett kritiskt skede försökte rädda stadens skatter undan plundring genom att sjösätta en ihålig stock med dyrgripar och låta den flyta bort på Mälarens vågor. Stocken sägs ha strandat på den holme som i dag är känd som Gamla stan och så fick vi namnet Stockholm, holmen med stocken. Mindre dramatisk och kanske mera trolig är teorin att staden från 1200-talet fick sitt namn av den stolpe eller stock som i det aktuella området bildade gränsmärke mellan landskapen Södermanland och Uppland.

Trots nyare tiders ingrepp i miljön och nedsmutsning av naturen har Stockholm lyckats bevara luftighet och skönhet. Försöken att skapa ett skyskrapsdominerat centrum på Norrmalm har bara gett en blygsam anhopning av högre bebyggelse. Motortrafikleder och brosystem kryper allt närmare in på stadskärnan men staden har fortfarande och förhoppningsvis allt framgent härliga grönområden som lockar till motion och friluftsliv.

Stockholm är kungens stad, härifrån leds riket av regering och riksdag. Men den är inte bara administratörers och politikers hemvist, staden har alltid varit en omtyckt tummelplats för litteratörer, konstnärer och artister, från Bellman och Strindberg till Taube och Ferlin för att nämna några namn. Kulturlivet blomstrar, 1998 är Stockholm Europas kulturhuvudstad med allt vad det innebär av satsningar för teatrar och museer. På senare år har vi fått en storslagen vattenfestival i Stockholm som lockar besökare i stora skaror från när och fjärran.

I Stockholm kan man under försommaren känna doft av blommande hägg och syren. I parkernas lundar brer vitsippsängarna ut sig. De glittrande vattnen är inte bara ögonfröjd, mitt i staden kan man bada och fiska och på fjärdarna ser man båtar under vita segel.

Kort sagt – kom till Stockholm, en skön och annorlunda stad i världen. Här finns så mycket att upptäcka, inte minst väldokumenterad och äkta gästvänlighet.

Welcome to Stockholm!

Welcome to Stockholm, the capital of Sweden, the Venice of the North and home to more than a million people who live and work in a city which really must be among the most beautiful in the world.

The centre of Stockholm, with districts like Norrmalm, the Old Town and Södermalm, is strategically placed between Lake Mälaren and Saltsjön, the two big waterways which flow into the Baltic Sea. Air travellers to Stockholm who are fortunate enough to arrive on a bright clear day are assured of a sight of singular beauty as they fly over the archipelago with its 25 000 islands and islets – a fascinating sight indeed. It is perhaps not surprising that as early as 1532 a German geographer compared Stockholm with Venice. The islands on which the city is built are reminiscent of the city of the doges on the Adriatic Sea, even though the comparison is not altogether accurate. In Stockholm there are no narrow canals running between buildings with decaying facades. Stockholm is built on islands separated by broad sparkling waterways which impart a sense of spaciousness and light to this modern and highly functional city.

The name Stockholm was first mentioned in a royal letter of 1252 and its origin has long been disputed. There is a story which tells how, at a critical moment in history, the city fathers of the neighbouring medieval town of Sigtuna tried to save the town's treasures from falling into the hands of plunderers by concealing them in a hollow log (a stock in Swedish) and letting it float away on the waves of Lake Mälaren. It is said to have made its landfall on the shores of the islet or holm which is nowadays known as the Old Town. A less dramatic and probably more plausible theory is that the city's name simply derives from the wooden post which marked the boundary between the counties of Södermanland and Uppland.

Despite the environmental changes caused by building works and pollution occasioned by industrial development Stockholm has managed to preserve its beauty and a sense of airiness. Attempts to build a centre dominated by skyscrapers in the district of Norrmalm only resulted in a modest group of high-rise buildings. Motorways and bridges are encroaching more and more on the city centre, but it still has, and hopefully will continue to have, many beautiful parks and open spaces which encourage people to indulge in outdoor activities and physical exercise of various kinds.

Stockholm is the King's city, from which the country is run by the government and parliament. But it is more than just a seat for civil servants and politicians; it has always been a favourite place among writers, poets and artists, from Bellman and Strindberg to Taube and Ferlin to name a few. The cultural life of the city is booming and in 1998 Stockholm will be the cultural capital of Europe with all that that entails as regards programmes for theatres and museums etc. In recent years Stockholm has organised a magnificent water festival which attracts hordes of visitors from near and far.

The air in Stockholm in early summer is sweet with the fragrance of blossoming bird cherry and lilac, and carpets of wood anemone spread out in the parks. The glittering water is not a delight for the eye alone; bathing and fishing in the city centre are popular diversions, and sailing boats make full use of the larger channels.

In a word – come to Stockholm, the city with a difference and arguably one of the world's most beautiful. It has a lot to offer, not least its renowned and genuine hospitality.

Willkommen in Stockholm!

Willkommen in Stockholm, Schwedens Hauptstadt, das Venedig des Nordens. Hier leben und arbeiten mehr als eine Million Menschen in einer Stadt, die gewiß eine der schönsten der Welt ist.

Stockholms Zentrum mit Norrmalm, Gamla stan (Altstadt) und Södermalm liegt strategisch zwischen dem großen Seensystem Mälar-See und Saltsjön, das in die Ostsee hinausführt. Wer das Glück hat an einem klaren Tag in Stockholm anzukommen, der hat vom Flugzeug aus ein Schönheitserlebnis – die weltberühmten Schären mit ihren 25 000 Inseln und Inselchen sind ein verlockender Anblick. Es ist vielleicht nicht so sonderbar, daß ein deutscher Geograph 1532 Stockholm mit Venedig verglich. Die wasserumfluteten Inseln führen die Gedanken zur Stadt der Dogen an der Adria, doch ist es falsch einen Vergleich zu ziehen. Hier gibt es keine engen Kanäle zwischen abblätternden Häuserwänden. Stockholm bietet bebaute Inseln an und dazwischen offene glitzernde Förden und Buchten, die der modernen und wohlgeordneten Großstadt Raum und Licht geben.

Der Name Stockholms war lange Zeit umstritten. Im Jahre 1252 wurde der Name Stockholm erstmals in einem königlichen Brief erwähnt. Es gibt eine Geschichte darüber, wie die nahegelegene Stadt Sigtuna in einer Kritischen Lage durch die Stadtväter vor Plünderung bewahrt werden sollte, indem man einen ausgehöhlten Baumstamm mit den Schätzen der Stadt auf dem Mälar-See aussetzte. Dieser soll auf einem Inselchen (holme) gestrandet sein, das heute als Gamla stan bekannt ist und so den Namen Stockholm bekam – der Stock mit dem Holm. Weniger dramatisch aber glaubhafter ist die Theorie vom 13. Jh.

wonach es den Namen von einem Pfahl oder Stock bekam, der in dieser Gegend die Grenzmarkierung zwischen den Landschaften Södermanland und Uppland bildete.

Trotz des Eingriffs der Neuzeit in die Umwelt und die Verschmutzung der Natur, ist es Stockholm gelungen seine Luftigkeit und Schönheit zu bewahren. Die Versuche ein von Wolkenkratzern beherrschtes Zentrum auf Norrmalm zu schaffen, hat nur eine kleinere Anhäufung höherer Bauten ergeben. Kraftfahrzeugstraßen und Brückensysteme kriechen immer näher an den Stadtkern heran, aber die Stadt hat noch immer und hoffentlich auch in Zukunft herrliche Grünanlagen, die zu Bewegung und Freiluftleben einladen.

Stockholm ist die Stadt des Königs. Von hier aus wird das Reich von Regierung und Reichstag geführt. Hier sind jedoch nicht nur Politiker und Verwaltungsangestellte zu Hause; die Stadt ist immer ein Tummelplatz für Schriftsteller, und Künstler gewesen: von Bellman und Strindberg – bis Taube und Ferlin, um nur einige zu nennen. Das Kulturleben blüht – 1998 ist Stockholm Europas Kulturhauptstadt, mit allem was dazugehört an Investitionen für Theater und Museen. In den letzten Jahren haben wir ein großartiges Wasserfestival bekommen in Stockholm. Es lockt Besucher in großen Scharen von nah und fern.

In Stockholm kann man im Frühling den Duft von Traubenkirsche und Flieder vernehmen. Auf den Hainen in den Parks breiten sich die Buschwindröschen aus. Das glitzernde Wasser ist nicht nur eine Freude fürs Auge, sondern man kann auch baden und angeln, und auf den Förden sieht man Boote unter weißen Segeln.

Kurz gesagt – kommen Sie nach Stockholm, einer schönen und andersartigen Stadt auf der Welt. Hier gibt es viel zu entdecken, nicht zuletzt die wohlbekannte und echte Gastfreundschaft.

Bienvenue à Stockholm!

Bienvenue à Stockholm, capitale de la Suéde, la Venise du Nord. Ici vivent et travaillent plus d'un million d'habitants dans une ville qui, sans conteste, est considérée comme une des plus belles du monde.

Le centre de Stockholm avec Norrmalm, Gamla stan (la Vieille ville) et Södermalm est situé d'une façon stratégique entre le lac Mälar et Saltsjön, un ensemble de grands plans d'eau qui conduisent à la mer Baltique. Quelle chance pour le voyageur d'atterrir à Stockholm par une journée claire, car il vivra un moment exceptionnel: l'archipel mondialement célèbre, avec ses 25 000 îles et îlots, offre un spéctacle inoubliable. Il n'est pas étonnant, dès lors, qu'en 1532 un géographe allemand compare Stockholm à Venise. Les îles battues par les flots qui forment la ville rappellent la cité des Doges sur l'Adriatique, à quelques détails près. Ici, point d'étroits canaux entre les façades écaillées. Stockholm éparpille ses îles habitées et entre celles-ci s'ouvrent de scintillantes étendues d'eau et de criques qui donnent espace et lumière à cette grande cité moderne et fonctionnelle.

L'origine du mot Stockholm a été longtemps controversée. Le nom de Stockholm apparaît pour la première fois en 1252 dans une lettre royale. Une chronique plus ou moins certaine rapporte comment les responsables de la ville moyenâgeuse de Sigtuna, toute proche, alors dans une situation critique, voulurent sauver les trésors de la cité du pillage, en mettant à l'eau un tronc d'arbre évidé qu'ils emplirent de leurs objets précieux, puis le confièrent aux vagues du lac Mälar. La légende raconte que le tronc aborda dans l'îlot connu aujourd'hui sous le nom de Gamla stan, et c'est ainsi que le nom de Stockholm fut donné (stock = tronc et holm = îlot). Une théorie moins dramatique et sans doute plus crédible veut que la ville du 13ème siècle tire son nom du pieu ou du tronc d'arbre qui dans le lieu en question marquait la frontière entre les provinces de Södermanland et d'Uppland.

Malgré les récentes agressions à l'environnement et la pollution, Stockholm a réussi à conserver son air pur et sa beauté. La tentative de créer un centre dominé par des gratte-ciel à Norrmalm s'est soldée plus modestement par quelques tours. Des voies rapides et un ensemble de ponts enserrent de plus en plus le centre de la ville, mais il reste encore, espérons-le, pour les années à venir, d'agréables zones de verdure qui incitent aux sports et à la vie de plein air.

Stockholm, ville royale, est aussi le siège des ministères et du Parlement, mais la capitale n'apparaît pas uniquement comme la cité des administrateurs et des politiciens, elle a toujours été l'arène préférée des écrivains et des artistes, de Bellman et Strindberg à Taube et Ferlin, pour ne mentionner que quelques noms. La vie intellectuelle fleurit, en 1998 Stockholm sera la capitale culturelle de l'Europe avec tout ce que cela comportera comme manifestations dans les théâtres et les musées. Au cours de ces dernières années s'est tenu à Stockholm durant l'été un magnifique Festival d'eau qui a attiré des visiteurs en grand nombre, d'un peu partout.

Au début de l'été, à Stockholm, l'air embaume de mérisiers et de lilas en fleurs, dans les bosquets s'épanouissent les anémones des bois. Les eaux scintillantes ne sont pas seulement un plaisir des yeux, on peut également s'y baigner et pêcher au milieu de la ville, tandis que s'y balancent les bateaux aux voiles blanches.

Bref, venez à Stockholm, une belle et différente ville vous attend. Il y a tant à découvrir: son hospitalité cordiale et légendaire n'est pas le moindre de ses charmes.

Centrala Stockholm med Gamla stan och Södermalm

Från Stadshustornet har man en hänförande utsikt över Stockholms centrala delar och Södermalms höga förkastningsbranter. I bildens centrum ses Gamla stan med Riddarholmen i förgrunden. Bland de monumentala byggnaderna märks fr v Nationalmuseum, Riksdagshuset, kungliga slottets pampiga fyrkant, Riddarhuset, Storkyrkan, Tyska kyrkan och Riddarholmskyrkan med sin gjutna spira. Bortom trafikmaskineriet Slussen, som betjänar såväl land- som lättare sjötrafik, ses Södermalm och i fjärran Danvikstull och Nacka. Vid synranden börjar innerskärgården och lederna till Stockholms berömda yttre skärgård.

Central Stockholm including the Old Town and Södermalm

There is a breathtaking view of central Stockholm and the high cliffs of Södermalm to be had from the city hall tower. The Old Town (Gamla stan) can be seen in the centre of the picture and Riddarholmen (Knights' Island) in the foreground. The monumental buildings include, from the left the National Gallery (museum of fine arts), the Riksdag building (Parliament), the imposing quadrangular Stockholm Palace, Riddarhuset (House of the Nobility), Storkyrkan, Tyska kyrkan (German Church) and Riddarholmskyrkan with its cast iron spire. Beyond the Slussen flyover, which handles both road and water traffic, is Södermalm with Danvikstull and Nacka in the distance. On the horizon the first reaches of the inner skerries and the channels leading to the celebrated Stockholm outer archipelago.

Das Zentrum Stockholms mit Gamla stan (Altstadt) und Södermalm

Vom Turm des Stadshuset (Stadthaus) aus hat man einen hinreißenden Ausblick auf die zentralen Teile Stockholms und Södermalms hohe Verwerfungsabhänge. In der Bildmitte ist Gamla stan, mit dem Riddarholmen (Ritterholm) im Vordergrund, zu sehen. Unter den Monumentalbauten machen sich v.l. das Nationalmuseum, das Riksdagshuset (Reichstag), das königliche Schloss, das

Riddarhuset, die Storkyrkan (Großkirche), die Tyska Kyrkan (Deutsche Kirche) und Riddarholmskyrkan mit ihrer gegossenen Spitze bemerkbar. Hinter der Verkehrsmaschine Slussen (Schleuse), die sowohl Land- wie auch leichteren Wasserverkehr bedient, sieht man Södermalm und in der Ferne Danvikstull und Nacka. Am Horizont beginnen die inneren Schären und die Wasserstraßen zu den berühmten Stockholmer äußeren Schären.

Le centre de Stockholm avec Gamla stan (la Vieille ville) et Södermalm

Du haut de la tour de l'Hôtel de Ville on découvre une vue magnifique du centre de la ville et des hauteurs escarpées de Södermalm. Au centre de la photo, on aperçoit Gamla stan avec Riddarholmen au premier plan. Parmi les bâtiments importants on remarque de gauche à droite: le Musée National, le Parlement, l'impressionnant carré du Palais royal, le Palais de la Noblesse, Storkyrkan (la Cathédrale), l'église allemande,

l'église de Riddarholmen avec sa flèche de fonte. Au-delà de l'échangeur de Slussen qui dessert à la fois la circulation automobile et celle du petit transport par eau, on remarque Södermalm et, au loin, Danvikstull et Nacka. A l'horizon commence l'archipel intérieur et les chenaux qui mènent au fameux archipel extérieur de Stockholm.

9

Stockholm har ända sedan medeltiden förskonats från krig och stora stadsbränder. Gamla stan med sina intressanta byggnader och trånga gränder är därför en verklig sevärdhet. Byggnader som Riddarhuset och Riddarholmskyrkan rymmer svensk högreståndshistoria. I kyrkan, som i sin första form byggdes 1280–1310 som gråbrödrakloster, ligger svenska kungligheter begravda. Efter Gustav II Adolfs död 1632 har Riddarholmskyrkan uteslutande använts som kunglig gravkyrka med bl a bernadotteska ättens gravkor.

From medieval times Stockholm has been spared the ravages of war and fire; as a result, the Old Town with its interesting buildings and narrow lanes is an unusually fascinating sight. Buildings such as Riddarhuset and Riddarholmskyrkan house the historical records of the Swedish nobility. The church, which was originally built 1280–1310 as a Fransiscan monastery, contains the graves of the Swedish monarchs. Since the death of King Gustav II Adolf in 1632 Riddarholmskyrkan has been used exclusively as a royal memorial church and contains among others the crypt of the Bernadotte dynasty.

Stockholm ist seit dem Mitteralter von Kriegen und großen Stadtbränden verschont geblieben. Gamla stan mit ihren interessanten Bauten und engen Gassen ist deshalb wirklich eine Sehenswürdigkeit. Bauten wie Riddarhuset und Riddarholmskyrkan beherbergen die Geschichte der hohen Stände Schwedens. In der Kirche, die in ihrer ursprünglichen Form 1280–1310 als Franziskanerkloster entstand, liegen Könige begraben. Nach dem Tode des Königs Gustav II. Adolf 1632, hat die Riddarholms-Kirche ausschließlich als Grabkirche des Geschlechts Bernadotte gedient.

Depuis le Moyen Age, Stockholm a été préservé des guerres et des grands incendies. Gamla stan, avec ses intéressants bâtiments et ses étroites ruelles, mérite vraiment une visite. Des édifices comme le Palais de la Noblesse et l'église de Riddarholmen témoignent de la glorieuse Histoire de l'aristocratie suédoise. Edifiée entre 1280 et 1310, d'abord à l'usage du couvent des Franciscains, l'église devient, par la suite, la sépulture des souverains suédois. Depuis la mort de Gustave II Adolphe en 1632, elle sert uniquement de lieu d'inhumation aux familles régnantes. On y montre, entre autres, la chapelle mortuaire de la dynastie des Bernadotte.

Gamla stan i Stockholm är unik i landet genom sin långa stenhustradition. Kung Johan III (1569–1592) drev på för att husen skulle få praktfulla fasader som kunde tävla med hus i tyska och polska städer. Vid jultid ordnas en välbesökt marknad på Stortorget. Dominerande byggnader mellan slottet och torget är Storkyrkan och Börshuset. I Wrangelska palatset på Riddarholmen har kungligheter och adel residerat. Numera finns Svea hovrätt här.

The Old Town is unique in Sweden on account of its old brick buildings. King Johan III (1569–1592) championed the idea of building houses with elegant facades which could compete with those in German and Polish cities. A popular market is set up at Stortorget every Christmas. Prominent buildings standing between the palace and the marketplace include Storkyrkan and Börshuset (Stock Exchange). Several sovereigns and members of the nobility have resided in Wrangelska Palace on Riddarholmen. It now houses the Svea Court of Appeal.

Gamla stan in Stockholm ist einmalig im Lande durch ihre lange Steinhaus-Tradition. Der König Johan III. (1569–1592) setzte sich dafür ein, daß die Häuser prachtvolle Fassaden erhielten, um mit deutschen und polnischen Städten wetteifern zu können. Zu Weihnachten ist auf dem Stortorget ein gutbesuchter Weihnachtsmarkt. Beherrschende Bauten zwischen Schloß und Markt sind Storkyrkan und die Börse. Im Wrangelschen Palast auf Riddarholm haben Könige und Adel gewohnt. Heute ist hier Svea hovrätt (Landesgericht).

Gamla stan à Stockholm est unique dans le pays en raison de sa longue tradition de maisons de pierre. Le roi Johan III (1569–1592) incita les bâtisseurs à construire des façades somptueuses qui puissent rivaliser avec celles des villes allemandes et polonaises. Au temps de Noël, on organise à Stortorget une foire très courue. Parmi les édifices les plus remarquables entre le Palais royal et la place du marché citons Storkyrkan et la Bourse. Des membres de la famille royale et de la noblesse ont résidé au palais Wrangel à Riddarholmen. Actuellement, les services de la Cour d'Appel y siègent.

Stockholms slotts mäktiga fasad dominerar stadsbilden i Gamla stans nordöstra hörn. I mer än sju hundra år har här legat kungliga försvarsanläggningar som bildat lås mellan Mälaren och Saltsjön. Slottet, som har ett rikt kulturhistoriskt utbud, formades av Nicodemus Tessin d y och blev inflyttningsklart 1754. Förutom praktgemak och salonger märks Rikssalen, Slottskyrkan, Skattkammaren, Slottsmuseet och Livsrustkammaren som är öppna för allmänheten.

The imposing facade of the Stockholm Palace dominates the northeastern corner of the Old Town. There have been royal defence establishments here for over seven hundred years, forming a bulwark between Lake Mälaren and Saltsjön. The palace, which has a rich cultural and historical heritage, was designed by Nicodemus Tessin the Younger and was completed in 1754. In addition to the magnificent state apartments and reception rooms, the Hall of State, the Palace Church, the Treasury, the Palace Museum and the Royal Armoury are open to the general public.

Das Schloß Stockholm mit seiner mächtigen Fassade beherrscht die nordöstliche Ecke des Stadtbildes in Gamla stan. Seit mehr als 700 Jahren hat hier die Verteidigungsanlagen gelegen, als Schloß zwischen Mälar-See und Saltsjö. Das Schloß, das ein reiches kulturgeschichtliches Angebot hat, wurde von Nicodemus Tessin d.J. entworten und war 1754 schlüsselfertig. Außer Vorgemach und Salons machen Rikssal (Reichssaal) Slottskyrkan, Schatzkammer, Schloßmuseum und Leibrüstkammer auf sich aufmerksam, die auch für Besucher offen sind.

L'imposante façade du Palais royal domine la pointe nord-est de Gamla stan. Depuis plus de sept cents ans s'élèvent en ce lieu des forteresses qui vérouillaient le passage entre le lac Mälar et Saltsjön. Le château actuel dont on doit les plans à Nicodemus Tessin le Jeune, est achevé en 1754. Il abrite des trésors culturels et historiques. A part les grands appartements et les salons, on peut admirer la Salle du trône, la Chapelle royale, le Trésor, le Musée du château et le Cabinet royal d'armes qui sont tous ouverts au public.

I århundraden har Stockholms inre vatten trafikerats av handelsfartyg. Under senare tider har denna trafik allt mer ersatts av passagerartrafik till skärgården och grannländer som Finland, Ryssland och Baltikum. Sommartid ankrar stora kryssningsfartyg upp på Strömmen. Till Skeppsholmen och den där utanför liggande Kastellholmen kommer man via broar. Här finns bl a Moderna museet och Östasiatiska museet.

Merchant ships have plied Stockholm's inner waterways for centuries. In recent years this trade has been increasingly superseded by passenger traffic to the archipelago and neighbouring countries like Finland, Russia and the Baltic countries. Large cruise liners drop anchor in the basin (Strömmen) in summer. Bridges lead to the islands of Skeppsholmen and Kastelholmen, home of among other buildings the Modern Museum and the Museum of Far Eastern Antiquities.

Jahrhundertelang verkehrten Handelsschiffe auf Stockholms inneren Gewässern. In letzter Zeit ist dieser Verkehr durch Passagierverkehr zu den Schären und Nachbarländern wie Finnland, Russland und die baltischen Staaten ersetzt worden. Während des Sommers ankern grosse Kreuzfahrtschiffe auf dem Strom. Zum Skeppholmen und dem außerhalb liegenden Kastellholmen kommt man über Brücken. Hier befinden sich u.a. das Moderne Museum und das Ostasiatische Museum.

Au cours des siècles, les navires marchands ont sillonné les plans d'eau intérieurs de Stockholm. Plus récemment, le trafic commercial a été remplacé peu à peu par des bateaux de passagers qui se rendent dans l'archipel et les contrées voisines telles que la Finlande, la Russie et les pays baltes. En été, des paquebots de croisière jettent l'ancre à Strömmen. Pour accéder à Skeppsholmen et, plus loin, à Kastellholmen, on emprunte des ponts. Là se trouvent, entre autres, le Musée d'Art Moderne et le Musée d'Extrême-Orient.

Sommarbilden i Stockholm domineras av den livliga sjöfarten och småbåtstrafiken. Vid Skeppsbron i Gamla stan lägger stora kryssningsfartyg till. Vid Blasieholmen framför Grand Hôtel och Nationalmuseum har skärgårdsbåtarna sina förtöjningar och avgångsställen. Här är det alltid liv och fart när skärgårdens pendlare och gäster är på väg ut till öarna. Till sommaren hör också seglingarna på Stockholms vatten. Årliga evenemang är Segelbåtens dag och Lidingö runt med tusentals deltagande båtar.

The summer scene in Stockholm is dominated by lively shipping traffic and pleasure boating. Big cruise liners berth alongside Skeppsbron in the Old Town. The small passenger boats serving the archipelago berth at Blasieholmen in front of the Grand Hôtel and the National Gallery. There is always a lot of bustling activity when archipelago commuters and visitors leave for the islands. Sailing is a natural feature of Stockholm's waterways, and thousands of small craft take part in the annual regattas, such as Segelbåtens dag (Yachting Day) and Lidingö runt (Around Lidingö).

Das Sommerbild Stockholms wird von der lebhaften Seefahrt und den Freizeitbooten beherrscht. An Skeppsbron in Gamla stan legen die großen Kreuzfahrtschiffe an. An Blasieholmen, vor dem Grand Hôtel und dem Nationalmuseum, sind die Schärenboote vertäut und laufen von dort auch aus. Hier ist immer Leben und Aktivität, wenn die Pendler und Gäste der Schären zu den Inseln hinausfahren. Zum Sommer gehören auch die Segelregatten auf Stockholms Gewässern. Zu den jährlichen Veranstaltungen gehören der Tag des Segelbootes und Lidingö runt mit tausenden teilnehmenden Booten.

L'image la plus caractéristique de Stockholm en été est représentée par le va et vient incessant des bateaux, petits et grands. Les bâtiments de croisière accostent auprès de Skeppsbron à Gamla stan. A Blasieholmen, devant le Grand Hôtel et le Musée National, les bateaux desservant l'archipel ont leur port d'attache. Il y a toujours une grande animation quand les habitués et les touristes se rendent dans les îles. L'été se distingue aussi par les voiliers qui glissent sur les plans d'eau de Stockholm. La Journée du Bateau à Voile et Le Tour de Lidingö sont deux événements annuels, auxquels participent des milliers d'amateurs.

Stadens ljus speglar sig i Strömmens lugna yta. I förgrunden det stolta skeppet "af Chapman" som ligger förtöjt vid Skeppsholmen och numera fungerar som Svenska turistföreningens vandrarhem.

The lights of the city are reflected in the calm waters of Strömmen. In the foreground the proud sailing vessel "af Chapman" which is permanently berthed at Skeppsholmen and now serves as a hostel run by the Swedish Touring Club.

Das Licht der Stadt spiegelt sich auf der ruhigen Oberfläche des Stroms. Im Vordergrund das stolze Schiff „af Chapman", das am Skeppsholmen vertäut ist und heute dem Sohwedischen Touristenverein als Jugendherrberge dient.

Les lumières de la ville se reflètent dans les eaux calmes de Strömmen. Au premier plan, le fier voilier « af Chapman » amarré à Skeppsholmen, sert aujourd'hui d'auberge de jeunesse gérée par la Fédération Suédoise du Tourisme.

Stockholm är rikt smyckat med offentlig konst. Den glada skulpturgruppen Paradiset av Niki de Saint-Phalle och Jean Tinguely finns sedan 1971 på Skeppsholmen vid Moderna museet. Skulptören Sivert Lindbloms venetianska bronshäst trotsar ihärdigt Gatukontorets förbudsskylt på Blasieholmstorg. T h Sergels staty av Gustav III på Skeppsbron. Nedan t v Evert Taube skulpterad av K G Bejemark. Mot Riddarfjärden avtecknar sig Christian Bergs Solbåten.

There are unusually many works of art to be seen in the streets, squares and parks of Stockholm. The jolly sculptural work called Paradise by Niki de Saint-Phalle and Jean Tinguely has been standing outside the Modern Museum on the island of Skeppsholm since 1971. The bronze Venetian horse by Sivert Lindholm shows a most improper disregard for the No Entry sign at Blasieholmstorg. Right: Sergel's statue of Gustav III on Skeppsbron. Below: works by K G Bejemark (left) and Christian Berg.

Stockholm ist reich mit öffentlicher Kunst geschmückt. Die lustige Skulpturengruppe „Das Paradies" von Niki de Saint-Phalle und Jean Tinguely steht seit 1971 auf Skeppsholmen am Modernen Museum. Das venezianische Bronzepferd von Sivert Lidblom trotzt beharrlich dem Verbotsschild auf dem Blasieholms-Platz. Rechts: Die Statue, die von Sergel stammt und Gustav III. vorstellt, steht auf Skeppsbron. Unten: Schöpfungen von K G Bejemark (links) und Christian Berg.

Stockholm est richement paré d'oeuvres d'art. Le joyeux groupe sculpté intitulé Le Paradis de Niki de Saint-Phalle et de Jean Tinguely se dresse depuis 1971 auprès du Musée d'Art Moderne à Skeppsholmen. Le cheval de bronze vénitien du sculpteur Sivert Lindblom nargue obstinément le panneau d'interdiction à Blasieholmstorg. A droite, la statue de Gustave III par Sergel à Skeppsbron. En bas à gauche, Evert Taube sculpté par K G Bejemark. Le Bateau du Soleil par Christian Berg se profile sur Riddarfjärden, au fond.

Till Gamla stan hör tre holmar: Stadsholmen, Helgeandsholmen och Strömsborg. Helgeandsholmen domineras av Riksdagshuset. T v Strömparterrren med Carl Milles staty Solfångaren. Här ligger också entrén till det underjordiska Medeltidsmuseet som visar fynd från stadens äldsta historia. I bakgrunden operahuset. Fritidsfiskarna blir inte lottlösa, östersjölaxar på 15 kg har fångats i Stallkanalen mellan Helgeandsholmen och Stadsholmen.

The Old Town (Gamla stan) comprises three islands – Stadsholmen, Strömsborg and Helgeandsholmen, the latter of which is dominated by the House of Parliament. Left: Strömparterren and Carl Milles' statue The Suncatcher. The entrance to the underground Medieval Museum with exhibits from the earliest days of the city is also located here. In the background the Opera House. Anglers seldom go away empty handed, and Baltic salmon weighing 15 kilos have been caught in the waters of Stallkanalen flowing between Helgeandsholmen and Stadsholmen.

Zur Gamla stan gehören drei Inselchen: Stadsholmen, Helgeandsholmen und Strömsborg. Helgeandsholm wird vom Reichstag beherrscht. Links: Das Stromparterre mit Carl Milles Statue Solfångaren (Der Sonnenfänger). Hier ist auch der Eingang zum Mittelalters-Museum, das Funde aus der ältesten Geschichte der Stadt zeigt. Im Hintergrund die Oper. Die Freizeitangler bleiben nicht unbelohnt; Ostseelachse von 15 kg sind im Stallkanal zwischen Helgeandsholmen und Stadsholmen gefangen worden.

Font partie de Gamla stan trois îlots: Stadsholmen, Helgeandsholmen et Strömsborg. Le Parlement domine Helgeandsholmen. A gauche, Strömparterren où s'élève l'Adorateur du soleil, statue de Carl Milles. Là se trouve aussi l'entrée du musée souterrain du Moyen Age qui expose des vestiges des temps les plus reculés de la ville. Au fond, l'Opéra. Les pêcheurs ne rentreront pas bredouilles, des saumons de la Baltique d'une quinzaine de kilos ont été pris à Stallkanalen entre Helgeandsholmen et Stadsholmen.

Stockholms stadshus,

som lyfter sina tre gyllene kronor 106 meter upp i luften, är ett administrativt och kulturellt centrum av format och stadens symbol ute i världen. Det började byggas 1911 och stod klart att inviga på midsommaraftonen 1923. Från början hade man tänkt att bygga ett traditionellt rådhus med plats för stadens administration och domstol. Arkitekten, Ragnar Östberg, såg till att stadshuset också kom att innehålla magnifika representationslokaler. Särskilt påkostad blev den konstnärliga utsmyckningen, såväl interiört som exteriört. En stor skara av tidens skickligaste konstnärer och hantverkare var engagerade. Stadshuset är ett monument över 1910- och -20-talens romantik och klassicism. Bland de evenemang som hålls här märks den årligen återkommande Nobelbanketten.

Stockholms stadshus

Stockholms stadshus, das seine drei goldenen Kronen 106 m in die Luft erhebt, ist Zentrum für Verwaltung und Kultur und das Symbol der Stadt draußen in der Welt. Mit dem Bau wurde 1911 begonnen, und am Abend vor Mittsommer 1923 war es fertig zur Einweihung. Anfangs hatte man geplant ein Rathaus für Verwaltung und Gericht zu bauen. Der Architekt Ragnar Östberg sah zu, daß das stadshus auch großartige Repräsentationsräume erhielt. Besonders reich wurde die künstlerische Ausschmückung, sowohl innerhalb wie auch außerhalb des Gebäudes. Eine große Schar der geschicktesten Handwerker dieser Zeit wurde bemüht. Das stadshus ist ein Denkmal der Romantik und des Klassizismus der zehner- und zwanziger Jahre. Unter den hier stattfindenden Ereignissen zeichnet sich sich das jährliche Nobelbankett aus.

The Stockholm City Hall

This impressive building, with its three gilded crowns poised 106 metres up in the air, is an administrative and cultural centre of rank and a symbol of the city to the world at large. Building work was started in 1911 and was completed Midsummer Eve 1923. The original intention was to build a conventional city hall to accomodate the city administrative offices and court, but the designer, Ragnar Östberg, saw to it that it also included some magnificent reception rooms. Particular attention was paid to artistic embellishment, both inside and out. A host of contemporary artists and craftsmen were employed and the building is a monument to the atmosphere of romanticism and classicism prevailing in the 1910s and 1920s. The annual Nobel Prize banquet is one of the events held here.

L'Hôtel de Ville

L'Hôtel de Ville de Stockholm qui, du haut de ses 106 m, érige vers le ciel ses trois couronnes dorées, constitue un centre administratif et culturel important ainsi que le symbole de la ville à l'étranger. Commencé en 1911, le bâtiment est prêt pour l'inauguration à la Saint-Jean de 1923. Au début, on avait pensé bâtir un hôtel de ville traditionnel pour y loger l'administration de la cité et un tribunal. L'architecte, Ragnar Östberg, a veillé à ce que l'édifice comprenne aussi de magnifiques salles de réception. La décoration a été particulièrement soignée à l'intérieur comme à l'extérieur. On a engagé à cette fin un nombre important d'artistes et d'artisans parmi les plus habiles de l'époque. L'Hôtel de Ville est un témoin du style romantique et classique qui prévalait autour des années 1910 et 1920.

Parmi les événements annuels qui se déroulent en ce lieu, mentionnons le Banquet du Prix Nobel.

Från Borgargården når man Stadshusets representativa delar med bl a Blå hallen, salen Tre Kronor och Prinsens galleri. Mest berömd är Gyllene salen. Fem dagar före invigningen höll man fortfarande på med att fästa de sista bitarna mosaik på väggarna. Det finns sammanlagt 18,5 miljoner guldskimrande glasbitar i denna festsal. I tornets innandömen kan man se väldiga skulpturer och skisser till de utsmyckningar som pryder stadshuset.

Access to reception rooms such as the Blue Hall, the Tre Kronor Hall and Prince's Gallery is via the courtyard. The Golden Hall is the most renowned. Craftsmen were still putting the finishing touches to the mosaic work five days before the inauguration. Altogether there are well over 18 million pieces of shining gold glass mosaic in this hall. The interior of the tower houses enormous sculptural works and sketches of some of the decorations that adorn the town hall.

Vom Borgargården (Bürgerhof) kommt man in die repräsentativen Teile des stadshus mit u.a. Blå hallen (blaue Halle), dem Saal Tre Kronor und der Prinzen-Gallerie. Am berühmtesten ist der Gyllene salen (Goldene Saal) Noch fünf Tage vor der Einweihung war man damit beschäftigt, das Mosaik an den Wänden zu befestigen. Insgesamt gibt es 18,5 Millionen goldschimmernde Glasstücke in diesem Festsaal. Im inneren des Turms kann man gewaltige Skulpturen und Skizzen sehen, die zur Ausschmückung des Stadthauses beitragen.

De Borgargården, on atteint les salles de réception: la Salle bleue, la Salle des Trois Couronnes et la Galerie du Prince, entre autres. La plus célèbre est la Salle dorée. Cinq jours avant l'inauguration, on en était encore à fixer les derniers morceaux de mosaïques sur les murs. Il n'y a pas moins de 18,5 millions de petites pièces de verre doré dans cette salle de fête.

A l'intérieur de la tour, on peut voir de très grandes sculptures et les esquisses des décorations qui ornent l'Hôtel de Ville.

Från Stadshustornet har man en magnifik utsikt över bl a Gamla stan, centrum med höghusen vid Sergels torg och mot väster Norr Mälarstrand på Kungsholmen. En intressant utsmyckning kan ses på taket till Jungfrutornet. Det är Christian Erikssons förgyllda grupp S:t Göran och Draken. Den kan studeras på nära håll av alla som går trappan upp i huvudtornet och hittar dörren till det mindre tornet.

From the tower, wonderful views are to be had of the Old Town, the city centre with its high-rise buildings at Sergels torg, and to the west Norr Mälarstrand in the district of Kungsholmen. An interesting gilded group by Christian Eriksson depicting St. George and the Dragon can be seen on the roof of the Virgin Tower. It can be studied at close quarters by those who climb the main tower stairway and find the door to the smaller tower.

Vom Turm des Stadthauses aus hat man eine großartige Aussicht auf u.a. die Gamla stan, das Zentrum mit den Hochhäusern am Sergels torg, nach Westen Norr Mälarstrand auf Kungsholmen. Eine interessante Ausschmückung ist auf dem Dach des Jungfrutornet (Jungfrauenturm) zu sehen. Es ist die vergoldete Gruppe Sankt Georg und der Drache von Christian Eriksson. Sie kann von allen näher besehen werden, die die Treppe des Hauptturms besteigen und die Tür zum kleineren Turm finden.

Du haut de la tour de l'Hôtel de Ville se déroule un magnifique panorama ponctué par Gamla stan, le Centre avec ses gratte-ciel près de Sergels torg et, vers l'ouest, Norr Mälarstrand à Kungsholmen. Sur le toit de Jungfrutornet, on aperçoit une décoration intéressante: le groupe doré de St Georges et le Dragon de Christian Eriksson. On peut le voir de plus près en empruntant l'escalier qui conduit à la tour principale, à condition de trouver la porte qui s'ouvre sur la petite tour.

Riddarfjärden hör till Stockholms vackraste fjärdar, ett blått litet hav som ger innerstaden en luftig karaktär. Här är det livlig båttrafik; gamla pålitliga ångfartyg som trafikerar Mälarattraktioner som Drottningholm, Björkö och Mariefred tuffar stolt under Västerbrons båge. Vid Norr Mälarstrand har skutskeppare och andra båtägare sin favoritkaj. Många av flytetygen vid dessa bryggor är permanentbostäder under vinterhalvåret och skärgårdsbostäder under sommaren.

Riddarfjärden is one of Stockholm's most beautiful bays – a small blue lagoon that imparts an atmosphere of airiness to the city centre. Boating activity is very lively; reliable old steamboats which take trippers to places of interest like Drottningholm, Björkö and Mariefred on Lake Mälaren chug proudly under the soaring arch of Västerbron. Norr Mälarstrand is a favourite berth for bark skippers and other boat owners. Many of the vessels berthed here are permanent winter dwellings which are moved into the archipelago during the summer.

Die Riddarfjärden (Ritterförde) gehört zu den schönsten Förden Stockholms. Ein kleines blaues Meer, das der Innenstadt einen luftigen Charakter verleiht. Hier herrscht lebhafter Bootsverkehr; alte zuverlässige Dampfer, die zu den Mälarattraktionen wie Drottningholm, Björkö und Mariefred verkehren, töffen stolz unter dem Bogen der Westerbrücke. Am Norr Mälarstrand haben Schiffer und andere Bootbesitzer ihren Lieblingskai. Vieles von dem, was sich über Wasser halten kann, an den Stegen, wird im Winter als Wohnung und im Sommer als Schärenwohnung benutzt.

Riddarfjärden fait partie des plus beaux plans d'eau, une petite mer bleue qui donne au centre de la ville son caractère aéré. La navigation y est intense. Les vieux et solides bateaux à vapeur qui desservent des lieux intéressants sur le lac Mälar tels que Drottningholm, Björkö et Mariefred, avancent fièrement dans un nuage de fumée, sous l'arche de Västerbron. A Norr Mälarstrand, les patrons des caboteurs et autres propriétaires de bateaux retrouvent leur quai favori. Bon nombre de ces navires sont des habitations permanentes durant l'hiver et se déplacent dans l'archipel à la belle saison.

Överallt kan man se kontraster mellan gammalt och nytt. Där förut snickarglada sommarhus var de enda byggnationerna reser sig i dag höghus med bostäder för tusentals människor. Trafiklederna blir också allt större och mäktigare inslag i stadsbilden. På övre bilden ses Essingeleden som driver upp rytmen på Stockholms puls. Men det går också att glida fram i lugnt i denna miljö, som fritidsbåtarna på bilden under.

Überall kann man Kontraste zwischen alt und neu sehen. Dort wo früher schöngezimmerte Sommerhäuser die einzige Bebauung ausmachten, erheben sich heute Hochhäuser für tausende Menschen. Die Verkehrsadern werden auch ein immer größerer und mächtigerer Zug im Stadtbild. Auf dem oberen Bild Essingeleden, eine Stadtautobahn, die den Puls Stockholms steigert. Aber man kann auch ruhig durch dieses Milieu gleiten, wie die Freizeitboote auf dem Bild darunter.

Contrasts between the old and the new are to be seen everywhere. Where little gingerbread summer cottages were once the only buildings, high-rise buildings housing thousands of people now stand. The road network too is getting bigger and dominating the city more and more. The picture above shows Essingeleden which helps to quicken the pulse of Stockholm. On the other hand it is still possible to glide along at a more sedate pace, as the pleasure boats in the picture below show.

On remarque partout le contraste entre l'ancien et le nouveau. Là, où seules se trouvaient auparavant de pimpantes maisons d'été aux ornements de bois découpé, s'élèvent aujourd'hui des tours habitées par des milliers de personnes. Les réseaux routiers deviennent aussi plus denses et enserrent lentement la ville. La photo du haut représente Essingeleden qui intensifie la circulation à Stockholm. Mais, dans ce milieu frénétique, glissent aussi calmement des bateaux de plaisance, comme sur la photo ci-dessous.

Den gamla fängelseön Långholmen är numera en verklig idyll. Fängelset är nedlagt och förvandlat till turisthotell och i de omgivande områdena har friluftslängtande stockholmare en skön, grön oas. Här har kanotister och annat båtfolk idealiska stråk och hamnar. Den som bara vill ta en promenad hittar åtskilligt spännande att titta på. Eller varför inte bara lyssna på fågelsången i lundarna.

The former prison island of Långholmen is a truly Edenic sort of place, now that the old prison building has been converted into a tourist hotel. It is a very attractive setting and highly popular among Stockholmers wishing to relax in the open air. The channels and harbours just here are ideal for canoeists and other small-boat owners. People who just want to take a stroll will find plenty of exciting things to look at. Or why not simply enjoy the sound of the birds singing in the copses.

Die alte Gefängnisinsel Långholmen ist heute eine wirkliche Idylle. Das Gefängnis ist stillgelegt und zu einem Touristenhotel verwandelt worden, und in der umliegenden Gegend haben die Stockholmer eine schöne, grüne Oase. Hier haben Kanuten und andere Bootleute ideale Strecken und Häfen. Wer nur spazieren gehen will der findet viele spannende Sachen zum Ansehen.Oder warum sollte man nicht nur dem Vogelgesang in den Hainen zuhören?

L'île de Långholmen sur laquelle s'élevait autrefois une prison, est devenue un lieu idyllique. La maison d'arrêt désaffectée se voit transformée en hôtel de tourisme et, dans les environs, les Stockholmois avides de plein air jouissent d'une magnifique oasis de verdure. Là aussi, canoteurs et autres amateurs de bateaux découvrent des passages et des refuges de rêves. Qui désire uniquement se promener trouve bien des choses passionnantes à observer. Pourquoi, par exemple, ne pas prêter simplement l'oreille aux chants des oiseaux dans les bosquets?

Det brukar imponera på besökare att man kan bada i Stockholms vatten. Många storstäder i världen har så förgiftade vattendrag att kallsupar är livsfarliga. Men Stockholm har satsat stort på effektiv vattenrening till befolkningens fromma. Därför kan det sommartid se så här skönt ut på de inbjudande badplatser som finns på många ställen i den svenska huvudstaden.

Visitors are usually pleasantly surprised to find that the water in Stockholm is good to swim in, unlike that in many cities around the world, which is so polluted it is positively lethal to swallow. The city of Stockholm has given top priority to water purification, which is why the many swimming places dotted about the capital look as inviting as this one in the summer.

Es imponiert gewöhnlich den Besuchern, daß man in Stockholms Gewässern baden kann. Viele Großstädte auf der Welt haben solch vergiftete Gewässer, daß es schon lebengefährlich ist, falls man Wasser schluckt. Stockholm setzt jedoch, zum Wohle der Bevölkerung stark auf die Wasserreinigung. Deshalb kann es im Sommer so einladend aussehen, in den vielen Freibädern der schwedischen Hauptstadt.

Les visiteurs sont étonnés du fait que l'on puisse se baigner dans les eaux de Stockholm. Beaucoup de grandes villes du monde ont des cours d'eau si pollués qu'il est dangereux de s'y plonger. Mais Stockholm a investi énormément pour assainir l'eau d'une manière efficace, pour le plus grand profit de la population. C'est pourquoi la saison d'été peut paraître si agréable en raison des nombreux lieux de baignade qui se trouvent un peu partout dans la capitale suédoise.

City

Stockholm har under de senaste decennierna genomgått en dramatisk förvandling och förnyelse, särskilt i centrum och i de kända Klarakvarteren. Inte mindre än trehundrafemtio hus i fyrtio kvarter revs och ersattes av nya och delvis andra lösningar i en ny stadsplan. Trafikapparaten har moderniserats och stadens kärna har fått ny karaktär. Runt spårområdet och Centralstationen har en rad servicebyggnader vuxit upp som bl a disponeras av postverket och andra näringsgrenar. Tydligast ser man förvandlingen kring Brunkebergstorg och Sergels torg som kantas av

stora bankpalats och varuhus. En mäktig glasfasad i detta område bjuder Kulturhuset på. Men kritiska röster har inte saknats om denna stora förvandling. Man har menat att kärnan har blivit för steril och artificiell. Nu väntar en omdaning och uppmjukning av miljön som skall bereda plats för bostäder och gröna inslag. Panoramabilden är tagen från Stockholms stadshus.

The City

Stockholm has undergone a striking change and renewal in the last few decades, particularly as regards the central areas and the well-known Klara district. No fewer than 350 houses covering 40 blocks were demolished and replaced by new buildings of various kinds under the new town planning scheme. The road network has been modernized and the city centre has acquired quite a different physical character. Service and administration buildings for the Swedish Post Office Administration and other companies and organisations have been built in the vicinity of the Central Station. This transformation can best be seen around Brunkebergstorg and Sergels torg, squares which are now bordered by

big bank buildings and department stores. The Cultural Centre in this area presents an imposing glass facade. But the transformation did not escape critical comment. Some detractors think the city centre is now too sterile and artificial, and plans are in hand to make room for dwellings and parks and in general to make the area less formal and more attractive. The panorama picture was taken from the Stockholm City Hall.

Die City

Stockholm hat während der letzten Jahrzehnte eine dramatische Verwandlung und Erneuerung erlebt, besonders im Zentrum und im bekannten Klaraviertel. Nicht weniger als dreihundertfünfzig Häuser in vierzig Blocks wurden abgerissen und durch neue teilweise andere Lösungen in der Stadtplanung, ersetzt. Der Verkehrsapparat ist modernisiert worden, und der Stadtkern hat einen neuen Charakter erhalten. Rund um das Geleisgebiet und dem Hauptbahnhof sind eine Reihe Servicebauten entstanden, die z.B. durch die Post und andere Gewerbezweige in Anspruch genommen werden. Am deutlichsten sieht man die Verwandlung um die

Plätze Brunkebergstorg und Sergels torg, die von großen Bankpalästen und Kaufhäusern eingerahmt werden. Eine mächtige Glasfassade in dieser Gegend hat das Kulturhaus zu bieten. Es hat jedoch nicht an kritischen Stimmen zu dieser großen Verwandlung gefehlt. Man hat gemeint, der Kern sei zu steril und künstlich geraten. Jetzt wartet eine Umgestaltung und Auflockerung des Milieus, das Platz machen soll für Wohnungen und Grünanlagen. Das Panoramabild ist von Stockholms stadshus aus aufgenommen.

Le Centre ville

Au cours des dernières décennies, Stockholm a connu de dramatiques changements et bien des transformations, particulièrement au centre de la ville et dans le quartier bien connu de Klara. Pas moins de 350 maisons dans quarante îlots ont été démolies et remplacées par de modernes habitations et en partie par d'autres alternatives, dans un nouveau plan de la ville. Les dispositions de la circulation ayant été modifiées, le centre de la cité prend alors un nouveau caractère. Autour de la Gare centrale et de ses installations s'élèvent une série de bâtiments de services tels que l'Hôtel des Postes et autres activités. La transformation apparaît plus clairement encore autour de Brunkebergstorg et Sergels torg,

bordés d'importantes banques et de grands magasins. La Maison de la culture étend son immense façade de verre tout près de là. Les critiques n'ont pas manqué à l'encontre de ces grands changements. Et l'on voulait dire par là que le centre de la ville était devenu stérile et artificiel. On attend à ce sujet un nouveau plan qui prévoirait des espaces pour des habitations et des zones de verdure. La vue panoramique est prise de l'Hôtel de Ville de Stockholm.

Området vid Barnhusviken och Klara strand disponeras sedan länge av banverkets spårområde. Här ligger också Stockholms centralstation som byggdes 1867–71 med A. W. Edelsvärd som arkitekt. Stationsbyggnaden har genomgått flera omfattande restaureringar och fick 1986 en perrongöverbyggnad och hall mot Klarabergsviadukten. Här finns anslutning till tunnelbanan via en gång under Vasagatan. Pittoreska inslag i området är lunchande turister och Frälsningsarméns soldater som bjuder på musik och sång.

The Barnhusviken and Klara strand area has for years been used by the Swedish State Railways, and the Central Station, designed by A.W. Edelsvärd and built 1867–71, is also situated there. The station building has been extensively restored several times over the years, and in 1986 the platforms were built over and a hall facing Klarabergsviadukten was added. This is linked with the underground railway network via a tunnel running under Vasagatan. Lunching tourists and the Salvation Army band are picturesque features of this part of town.

Das Gebiet am Barnhusviken und Klara strand wird seit langem vom Geleisgebiet der Bahn in Anspruch genommen. Hier liegt auch der Stockholmer Hauptbahnhof, der 1867–71 von A.W. Edelsvärd erbaut wurde. Das Bahnhofsgebäude wurde mehrfach umfassenden Restaurationen unterzogen und bekam 1986 einen Bahnsteigüberbau und eine Halle auf die Klaraüberführung hinaus. Hier gibt es durch einen Tunnel unter der Vasagatan einen Anschluß an die U-Bahn. Ein malerischer Anblick in der Gegend sind essende Touristen und die Heilsarmee, die Musik und Gesang darbietet.

Le secteur près de Barnhusviken et Klara strand est occupé depuis longtemps par le matériel roulant des chemins de fer. Là, s'élève aussi la Gare centrale bâtie entre 1867 et 1871 par l'architecte A.W. Edelsvärd. Elle a fait l'objet de plusieurs restaurations importantes et on y a ajouté en 1986 un bâtiment au-dessus des quais ainsi qu'un hall s'ouvrant sur le viaduc de Klaraberg. Une correspondance avec le métro se fait par un passage sous la rue Vasagatan. Pittoresque spectacle que celui des touristes qui déjeunent, alors que les soldats de l'Armée du Salut offrent musique et chants!

Drottninggatan dekoreras varje år i december med tusentals lampor och lyktor för att bjuda på julstämning. Lilla bilden t h: Rosenbad vid Drottninggatans mynning mot Strömgatan hyser regeringskansliet. Bilden under visar världens längsta bokbord som i sin senaste utformning sträckte sig över flera kvarter på Drottninggatan. Här kunde de bokintresserade hitta litteratur av alla tänkbara slag.

Die Drottninggatan sorgt im Dezember durch tausende Lampen und Laternen für Weihnachtsstimmung Kleines Bild rechts: Rosenbad, an der Mündung Drottninggatan auf Strömgatan, beherbergt die Regierungskanzlei. Das Bild darunter zeigt den längsten Büchertisch der Welt, der sich in seiner letzten Form über mehrere Häuserblöcke an der Drottninggatan streckte. Hier konnte der Bücherwurm alle erdenkliche Literatur finden.

Drottninggatan is decorated with thousands of coloured lights in December every year to instil the Christmas spirit in passersby. Small picture, right; Rosenbad at the junction of Drottninggatan and Strömgatan houses the Cabinet Office. The picture below shows the world's longest book table, which when it was last set up ran for several blocks on Drottninggatan. Interested browsers could find literature to suit every conceivable taste.

Drottninggatan s'orne chaque année en décembre de milliers de lampions afin de recréer l'atmosphère de Noël. La petite photo à droite: Rosenbad, au début de la rue Drottninggatan vers Strömgatan qui héberge les services du Gouvernement. La photo du bas montre la plus longue table de livres du monde qui, dans sa dernière dimension, s'étendait le long de plusieurs blocs de maisons de Drottninggatan. Les amateurs peuvent y trouver tous les ouvrages de leur choix.

En verkligt komplex miljö i det moderna Stockholm utgör Sergels torg med höghus, bankpalats, Kulturhuset och Åhléns stora cityvaruhus. I blickfånget på Sergels torg står Edvin Öhrströms 37,5 meter höga glasobelisk mitt i en fontän. Med sin effektfullt skiftande innerbelysning bör den helst beskådas på kvällen. Bilderna under visar t v den s k Plattan framför Kulturhuset och t h Sveavägen, paradgatan som sträcker sig från Sergels torg till Sveaplatsen i norr med den monumentala byggnaden Wenner-Gren center.

Sergels torg, with its high-rise buildings, banking houses, the Cultural Centre and Åhlén's main department store, is a highly diversified part of present-day Stockholm. The 37.5-metre-high glass obelisk designed by Edvin Öhrström is the focal point of Sergels torg, and is seen to best advantage at night when the changing colours of the interior lighting come into their own. The pictures below show left, the popular meeting-place in front of the Cultural Centre known as Plattan, and right, Sveavägen, a main thoroughfare running from Sergels torg to Sveaplatsen to the north and the monumental Wenner-Gren Center building.

Ein wirklich komplexes Milieu im modernen Stockholm machen Sergels torg mit Hochhäusern, Bankpalästen, dem Kulturhaus und Åhléns große City-Kaufhäuser aus. Im Blickfang auf dem Sergels torg steht mitten in einer Fontäne der 37,5 m hohe Glasobelisk von Edvin Öhrström. Mit seiner effektvollen Innenbeleuchtung sollte er möglichst am Abend angesehen werden. Die Bilder unten zeigen die sogen. Platte vor dem Kulturhaus und rechts den Sveavägen, die Paradestraße, die sich von Sergels torg zum Sveaplatz im Norden mit dem Monumentalbau Wenner-Gren center zieht.

Un ensemble vraiment complexe du Stockholm moderne comprend Sergels torg avec tours, banques, Maison de la culture et le grand magasin Åhléns. A Sergels torg se dresse un obélisque de verre de 37,5 m de haut, au milieu d'un bassin, créé par Edvin Öhrström. Avec ses lumières intérieures changeantes, pleines d'effets, le monument doit surtout se voir de nuit. La photo du bas montre, à gauche, ce que l'on nomme ici « la Dalle », devant la Maison de la culture, et à droite Sveavägen, grande avenue qui s'étend de Sergels torg à Sveaplatsen, au nord, et bornée par le monumental bâtiment de Wenner-Gren center.

Innerstadsområdet med Hötorget och angränsande gator är omtyckta promenadstråk med typisk storstadsträngsel. Konserthuset med sin blåa fasad och höga kolonnrad är en monumental höjdpunkt i detta område. Det byggdes 1923–26 efter en tävling som vanns av arkitekten Ivar Tengbom. Huset har smyckats av en rad konstnärer. Bland de mest kända och uppskattade verken märks Carl Milles magnifika Orfeusbrunn vid entrétrappan på Hötorget. I Konserthuset har filharmoniska orkestern sitt hem. Den tionde december varje år delas Nobelprisen ut i stora salen.

Hötorget and the adjoining streets are very popular among strollers and are occasionally quite crowded. The Concert Hall with its blue facade and tall columns is a prominent feature of this area. It was built 1923–26, following a contest which was won by Ivar Tengbom, and was decorated by a number of artists and sculptors. The magnificent Orpheus' Well by Carl Milles by the entrance steps at Hötorget is among the best-known and admired works. The Philharmonic Orchestra has its home in the hall, and the Nobel Prize awards are made in the main hall on 10 December each year.

Das Innenstadtsgebiet mit dem Hötorget (Heumarkt) und den angrenzenden Straßen ist eine beliebte Spazierstrecke mit typischem Großstadtgedränge. Das Konzerthaus mit seiner blauen Fassade und hohen Kolonnade ist ein monumentaler Höhepunkt in dieser Gegend. Es wurde 1923–26 nach einem Wettbewerb gebaut, den der Architekt Ivar Tengbom gewann. Das Haus wurde von einer Reihe von Künstlern ausgeschmückt. Zu den bekanntesten und gewürdigsten Werken gehört der großartige Orpheusbrunnen von Carl Milles an der Eingangstreppe auf dem Hötorget. Im Konzerthaus ist das Philharmonische Orchester beheimatet. Jährlich am 10. Dezember wird im großen Saal der Nobelpreis verliehen.

Le secteur intérieur de la ville, avec Hötorget et ses rues adjacentes, est un lieu favori de promenade au milieu de la bousculade des grandes villes. La Salle des concerts, avec sa façade bleue et sa rangée de hautes colonnes, reste le monument le plus remarquable du quartier. Edifié entre 1923 et 1926, à la suite d'un concours gagné par l'architecte Ivar Tengbom, de grands artistes ont décoré le bâtiment. Parmi les oeuvres les plus célèbres et les plus appréciées, on remarque le magnifique Puits d'Orphée de Carl Milles, près de l'escalier d'entrée à Hötorget. La Salle des concerts abrite aussi l'Orchestre philharmonique. Chaque année, le 10 décembre, le Prix Nobel est décerné dans la grande salle.

Kända vyer från innerstaden är Kungsgatan med de karakteristiska Kungstornen. Stora bilden till höger visar Hamngatan med det kända varuhuset Nordiska Kompaniet (NK), ett givet mål för besökare och turister. Runt Hamngatan är det alltid livligt. De två ryttarna är på väg från vaktavlösningen på Stockholms slott. Nederst t h Kungliga Dramatiska Teatern vid Nybroplan som stod färdigt 1908, rikt utsmyckad enligt tidens sed och en av Sveriges främsta jugendmiljöer.

A well-known view of the city centre is Kungsgatan with its characteristic towers (Kungstornen). The large picture to the right shows Hamngatan with the celebrated Nordiska Kompaniet department store (NK), a shop no visitor to Stockholm should leave without seeing. There is always a lot of bustle around Hamngatan. The two horses and mounts are returning from the changing-of-the-guard ceremony at Stockholm Palace. Below right: The Royal Dramatic Theatre at Nybroplan was inaugurated in 1908. It was elaborately decorated in keeping with contemporary taste and fashion and is one of Sweden's finest examples of the Jugend style.

Bekannte Ansichten von der Innenstadt sind die Kungsgatan mit den charakteristischen Kungstornen (Königstürmen) Das große Bild zeigt die Hamngatan mit dem bekannten Kaufhaus Nordiska Kompaniet (NK), ein selbstverständliches Ziel für Besucher und Touristen. Rund um die Hamngatan geht es immer lebhaft zu. Die beiden Reiter sind auf dem Weg zur Wachablösung an Stockholms Schloß. Ganz unten rechts: Das Königliche Dramatische Theater am Nybroplan stand 1908 fertig, reich geschmückt nach der Sitte seiner Zeit, ist es einer der wichtigsten Bauten Schwedens im Jugendstil.

Parmi les clichés du centre de la ville citons Kungsgatan avec ses deux tours caractéristiques. La grande photo de droite montre Hamngatan avec son grand magasin réputé, Nordiska Kompaniet (NK), un «must» des visiteurs et des touristes. Les alentours de Hamngatan sont toujours animés. Les deux cavaliers reviennent de la relève de la Garde au Palais royal de Stockholm. En bas à droite, le Théâtre Dramatique Royal à Nybroplan dont la construction est achevée en 1908. Richement décoré selon le goût de l'époque, il demeure l'un des plus remarquables exemples de l'Art Nouveau en Suède.

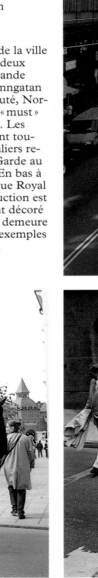

Stockholm har många spännande interiörer. Bilden ovan visar anrika Sturebadets stora simhall, som är hjärtpunkten i en modern serviceanläggning för motion och hälsa. I fastigheten finns även en av stadens populäraste gallerior med mängder av butiker och restauranger. Till höger den imponerande julgranen i varuhuset Nordiska Kompaniets ljushall. Att Stockholm numera är en internationell stad kan man se i Hötorgshallen (lilla bilden), ett mattempel med livsmedel och delikatesser från alla världens hörn.

There are many fascinating interiors in Stockholm for visitors to discover. The picture above shows the main bath of the venerable old Sturebadet, the heart of a modern physical fitness centre. The building also contains one of the city's most popular shopping arcades with many boutiques and restaurants. Right: The imposing Christmas tree in NK's entrance hall. The small picture showing Hötorgshallen is witness to the fact that Stockholm is now a truly international city. This emporium offers foodstuffs and delicacies from the four corners of the earth.

Stockholm hat viele spannende Innenansichten. Das Bild oben zeigt die große Schwimmhalle des Sturebades, das Herzstück ist in einer modernen Serviceanlage für Bewegung und Gesundheit. Im Hause gibt es auch eine der beliebtesten Geschäftsstraßen mit einer Menge Läden und Restaurants. Rechts der imponierede Weihnachtsbaum in der Lichthalle des Kaufhauses NK. Daß Stockholm heutzutage auch eine internationale Stadt ist, kann man in der Hötorgshalle sehen, (kleines Bild) einem „Lebensmittel-Tempel" mit Delikatessen aus allen Ecken der Welt.

Stockholm possède un grand nombre de superbes intérieurs. La photo ci-dessous montre le grand hall – riche de traditions – de la piscine de Sturebadet, centre d'un complexe moderne au service de l'exercice et de la santé. Dans le bâtiment se trouve aussi l'une des plus populaires galeries marchandes avec de nombreux restaurants et boutiques. A droite, l'imposant arbre de Noël dans le vaste hall du grand magasin NK. Stockholm est devenu une ville internationale, cela se voit à Hötorgshallen (petite photo): un temple de la gourmandise avec ses comestibles et ses friandises du monde entier.

Humlegården, den största parken i Stockholm, har namnet efter humleodlingar som anlades i området på Gustav II Adolfs tid. Den lummiga parken avgränsas av Karlavägen, Engelbrektsgatan, Sturegatan, Humlegårdsgatan och Birger Jarlsgatan och är sommartid en omtyckt rekreationsplats för de kringboende. I parken finns Kungliga Biblioteket vars entré vetter mot Humlegårdsgatan.

Humlegården is Stockholm's biggest park and it got its name from hop growing, which was introduced there in the reign of Gustav II Adolf (1611–1632). The park is bounded by Karlavägen, Engelbrektsgatan, Sturegatan, Humlegårdsgatan and Birger Jarlsgatan and is a popular place for recreation and relaxation among the people living in the vicinity. The Royal Library stands in the park with its main entrance facing Humlegårdsgatan.

Humlegården ist der größte Park Stockholms. Seinen Namen hat er von dem Hopfenanbau, der in dieser Gegend zur Zeit Gustav II. Adolfs (1611–1632) betrieben wurde. Der belaubte Park grenzt an den Karlavägen, Engelbrektsgatan, Sturegatan, Humlegårdsgatan und Birger Jarlsgatan. Er ist im Sommer ein beliebtes Erholungsgebiet für die Anlieger. Im Park befindet sich die Königliche Bibliothek, deren Eingang auf den Humlegården hinausgeht.

Humlegården, le plus vaste parc de Stockholm, tire son nom du houblon dont la culture a été entreprise en cet endroit au temps de Gustave II Adolphe (1611–1632). Les rues Karlavägen, Engelbrektsgatan, Sturegatan, Humlegårdsgatan et Birger Jarlsgatan limitent ce jardin touffu. Les riverains apprécient, en été, ce lieu de récréation. Dans le parc s'élève la Bibliothèque royale dont l'entrée donne sur Humlegårdsgatan.

I Humlegården känner man de första vårtecknen och här sprider vårblommorna sin färg och fägring. Snart sätter ett livligt umgängesliv fart på parkens gröna gräsmattor. På filtar dukas medhavda matkorgars innehåll upp. Liten Anna gör sin första bekantskap med gulskimrande vårlök och blå scilla. Över allt vakar blomsterkungen Carl von Linné från sin höga piedestal.

The first tremulous signs of spring are to be seen in Humlegårdsparken, where spring flowers delight passers with their colour and beauty. A lively social life is soon in full swing on the grass. Blankets are spread, food hampers divested of their contents, and little Anna acquaints herself with the yellow star-of-Bethlehem (Ornithogalum), blue squills (Scilla) and any other flowers that take her fancy – all under the approving gaze of Carl von Linné on his pedestal.

Im Humlegården spürt man die ersten Anzeichen des Frühlings, und hier verbreiten die Frühlingsblumen ihre Farbe und ihren Zauber. Bald setzt ein intensives Gesellschaftsleben auf den grünen Rasenflächen ein. Auf Decken wird aus den mitgebrachten Picknickkörben gedeckt. Die kleine Anna macht zum erstenmal Bekanntschaft mit dem gelbschimmerden gemeinen Gelbstern und dem zweiblättrigen Blaustern. Über alles wacht der Blumenkönig Carl von Linné von seinem hohen Sockel.

A Humlegården, on perçoit les premiers signes du printemps, et, les fleurs y répandent leurs couleurs et leur beauté. Bientôt les pelouses du parc s'animent au gré des rencontres et le contenu des paniers de piquenique s'éparpille sur des couvertures. La petite Anna fait connaissance avec la gagée jaune et la scilla bleue. Du haut de son piédestal le roi des botanistes, Carl von Linné, semble veiller sur tout ce petit monde.

Från Engelbrektskyrkan till Stureplan är det bara några stenkast. Här finns en av stadens populäraste samlingsplatser. Särskilt det unga Stockholm har här sin naturliga umgängesmiljö. Det händer alltid något spännande på Stureplan!

It is only a few steps from Engelbrekt's Church to Stureplan, one of Stockholm's favourite meeting-places. Young people in particular tend to gather here and there is always something exciting going on at Stureplan!

Von der Engelbrektskirche zum Stureplan ist es nur einige Steinwürfe. Hier gibt es einen der beliebtesten Versammlungsplätze der Stadt. Besonders die Stockholmer Jugend hat hier ihren natürlichen Berührungspunkt. Es ist immer etwas los am Stureplan!

L'église d'Engelbrekt se dresse à quelques pas seulement de Stureplan. C'est un lieu de rencontres des plus populaires, surtout parmi les jeunes. Il se passe toujours quelque chose à Stureplan!

Morgonstämning vid Strandvägen, en av Stockholms fashionablaste gator och finaste adresser. Vid kajen ligger mängder av båtar förtöjda och ger bilden extra liv.

Early morning blush on Strandvägen, one of Stockholm's most fashionable streets and prestigious addresses. The many boats berthed here add life to the scene.

Morgenstimmung am Strandvägen, eine der modischsten Straßen und feinsten Adressen Stockholms. Am Kai liegen eine Menge Boote vertäut, die dem Bild extra Leben geben.

Ambiance matinale à Strandvägen, une des rues les plus élégantes aux adresses prestigieuses de Stockholm. Le long du quai sont amarrés de nombreux bateaux qui mettant de l'animation en ces lieux.

Djurgården – stadens gröna lunga

Alldeles inpå stadskärnan har Stockholm ett väldigt parkområde, enligt många röster världens vackraste centralt belägna grönområde. Ursprungligen var Djurgården kungligt jaktrevir men det har utvecklats till ett folkligt och kulturellt område med brett utbud. Här finns en lång rad museer (friluftsmuseet Skansen, Nordiska museet, Vasamuseet bl a), Gröna Lunds tivoli och stora fria ytor som passar för rekreation i olika former. Naturligtvis trivs också djur och fåglar på Djurgården!

Djurgården – Stockholm's Green Lung

Stockholm has an enormous stretch of open parkland close to the city centre which is regarded by many as the world's most attractive centrally located parkland. Djurgården was originally a royal game-preserve but has developed into a popular culture-reserve where many interesting events take place. There are a number of museums including the celebrated Skansen Pleasure Garden (a combined open-air museum, zoological garden and amusement park), the Nordic Museum, Vasa Museum, the Gröna Lund amusement park and large open spaces suitable for various kinds of recreational activities. Needless to say, animals and birds thrive on Djurgården too!

Djurgården – Die grüne Lunge der Stadt

Ganz in der Nähe des Stadtkerns hat Stockholm eine gewaltige Parkgegend – nach vieler Meinung das am schönsten gelegene Grüngebiet der Welt. Ursprünglich war Djurgården königliches Jagdrevier, aber es hat sich zu einem volkstümlichen und kulturellen Gebiet mit einem breiten Angebot entwickelt. Hier gibt es eine große Anzahl Museen: Das Freilichtmuseum Skansen, das Nordische Museum, das Vasamuseum, das Tivoli Gröna Lund und weitläufigige Flächen für Erholung in verschiedener Form. Natürlich gefällt es auch den Tieren und Vögeln im Djurgården!

Djurgården – le poumon vert de la ville

Juste aux abords du centre-ville, Stockholm possède un vaste lieu de promenade et, pour beaucoup, le plus bel espace vert du monde placé d'une façon aussi centrale. A l'origine, Djurgården était une réserve de chasse royale devenue un endroit à la fois populaire et culturel aux multiples activités. Là, se succèdent une longue suite de musées (Skansen – le musée du plein air, le Musée Nordique, le Musée Vasa, entre autres), le parc d'attractions de Gröna Lund et de vastes espaces qui conviennent à la récréation sous toutes ses formes. Naturellement, les animaux et les oiseaux se plaisent aussi à Djurgården!

Få ställen i Stockholm bjuder på så sagolik vår- och sommarfägring som Djurgården. Stora bilden visar vitsippsblomning i en orörd sluttning. Friluftsmuseet Skansen är en unik tillgång för Stockholm. På det 295 000 kvadratmeter stora området finns en imponerande samling av kulturhistoriskt intressanta byggnader från alla delar av Sverige med betoning på gångna tiders byggnadskonst. Här kan man också se hur svenskarna levde på bondesamhällets dagar. På Skansen firas Sveriges nationaldag den 6 juni med deltagande av den kungliga familjen.

Few places in Stockholm can offer as bewitchingly beautiful scenes in spring and summer as Djurgården. The large picture shows a slope covered in wood-anemones. The Skansen open-air museum is unique to Stockholm. It covers 295 000 m² and incorporates an impressive collection of interesting early buildings of various kinds from all parts of Sweden which illustrate the building methods and materials used in bygone days. Visitors can also see how Swedes lived in the days of the agrarian society. Members of the royal family attend the Swedish national day celebrations at Skansen on 6 June every year.

Nur wenige Stellen in Stockholm bieten eine so sagenhafte Frühlings- und Sommerschönheit wie Djurgården. Das große Bild zeigt die Buschwindröschenblüte an einem unberührten Hang. Das Freilichtmuseum Skansen ist von einzigartigem Wert für Stockholm. Auf einem Gebiet von 295 000 m² gibt es eine imposante Sammlung kulturhistorisch interessanter Bauten aus allen Teilen Schwedens, mit Betonung auf die Baukunst vergangener Zeiten. Hier kann man auch sehen, wie die Schweden lebten, als das Land noch ein Agrarstaat war. In Skansen wird Schwedens Nationaltag am 6. Juni im Beisein der königlichen Familie gefeiert.

Peu de lieux à Stockholm invitent à autant de merveilles printanières et estivales que Djurgården. La grande photo représente une floraison d'anémones des bois sur une pente herbeuse. Skansen, le musée du plein air, est une irremplaçable richesse pour Stockholm. Sur ce vaste terrain de 295 000 m² s'élève un ensemble culturel important de bâtiments venus de tous les coins de la Suède et qui met en évidence l'architecture du temps passé. On y apprend aussi comment vivaient les Suédois à l'époque de l'ancienne société rurale. A Skansen, on célèbre également le 6 juin, la fête nationale, avec la participation de la famille royale.

Kring de stora helgerna, särskilt midsommarhelgen, är Skansenområdet fyllt av människor som tar del av de olika arrangemangen från folkdans till konserter på Sollidens scen. På bilden ovan ses bodarna vid Seglora kyrka som saluför allt från snabbrätter och konfektyrer till hemslöjdsföremål. Från tornet Bredablick har man en strålande utsikt; bilden till höger visar delar av Södermalm och förorterna söder därom. Skansen har också en zoologisk avdelning med betoning på Nordens djurvärld. Populära är brunbjörnar och vargar.

On the more important public holidays, and especially at Midsummer, Skansen is crowded with people eager to see events ranging from country dancing to musical concerts on the stage at Solliden. The picture above shows the stalls at Seglora Church which sell everything from fast-foods and sweets to items of rural handicraft. The view from the tower at Bredablick is magnificent. The picture to the right shows parts of Södermalm and suburbs to the south of it. The majority of the animals in the Skansen zoo are indigenous to Scandinavia. The brown bears and wolves are very popular.

Während der großen Feiertage, besonders zu Mittsommer, ist das Skansengebiet voll von Menschen, die an verschiedenen Veranstaltungen teilnehmen – vom Volkstanz bis zu Konzerten auf der Bühne Solliden. Auf dem Bild oben sind die Buden an der Seglora Kirche zu sehen, wo alles vom Imbiß und Süßigkeiten, bis zu hausgemachter Handarbeit verkauft wird. Vom Turm Bredablick aus hat man eine schöne Aussicht; das Bild rechts zeigt Teile von Södermalm und die Vororte südlich davon. Skansen hat auch eine zoologische Abteilung, wo hauptsächlich Tiere des Nordens zu sehen sind. Beliebt sind die Braunbären und die Wölfe.

Au moment des grandes fêtes, et surtout à la Saint-Jean, le parc de Skansen s'emplit d'une foule de gens qui participent aux différentes manifestations allant des danses folkloriques aux concerts qui se tiennent sur la scène de Solliden. Sur la photo du haut, notez les boutiques près de l'église de Seglora et qui vendent de tout, depuis la restauration rapide, la confiserie à l'artisanat. Du haut de la tour Bredablick, on a une vue superbe; la photo de droite montre quelques coins de Södermalm et des banlieues plus au sud. Skansen possède aussi un parc zoologique qui donne une place prépondérante au monde animal du Nord. Les bêtes les plus populaires sont les ours bruns et les loups.

På Djurgården ligger också Vasamuseet, skapat för regalskeppet Vasa som kantrade och sjönk i Stockholms hamn den 10 augusti 1628 på sin jungfrufärd efter bara 1 300 meters seglats. Vasa var dåtidens mest påkostade fartygsbygge i Sverige, avsett att bli en avgörande maktfaktor i Gustav II Adolfs flotta. 1961 bärgades vraket och ett unikt konserverings- och rekonstruktionsarbete påbörjades. En halv miljon människor kommer varje år till Vasamuseet för att se den marinarkeologiska sensationen – Nordens mest besökta museum. En rad specialutställningar kring Vasa ordnas varje säsong.

Djurgården is also the site of the Vasa Museum, built to house the man-of-war Vasa which capsized and sank in Stockholm harbour on 10 August 1628 after completing only 1 300 metres of her maiden voyage. Vasa was the most expensive ship ever built in Sweden and was intended to be a decisive factor in Gustav II Adolf's fleet. She was salvaged in 1961 and a unique process of conservation and restoration work commenced. Half a million people a year visit the Vasa Museum to see this remarkable exemple of marine archaeology. This attendance figure makes it Scandinavia's most popular museum. A number of separate exhibitions on the Vasa theme are arranged every year.

In Djurgården liegt auch das Vasamuseum, geschaffen für das historische Kriegsschiff Vasa, das am 10. August 1628 im Stockholmer Hafen kenterte und sank. Es machte nur eine Jungfernfahrt von 1 300 m. Es war seinerzeit das kostspieligste Schiff Schwedens, dafür abgesehen als Machtfaktor die Flotte Gustav II. Adolfs zu verstärken. Das Wrack wurde 1961 geborgen und eine einmalige Konservierungs- und Rekonstruktionsarbeit begann. Eine halbe Million Menschen kommen jährlich, um diese marinarcheologische Sensation zu sehen – Es ist das meistbesuchte Museum des Nordens. Eine Reihe Spezialausstellungen mit Vasa als Mittelpunkt finden in jeder Saison statt.

A Djurgården se trouve aussi le Musée Vasa, créé pour y abriter le vaisseau royal Vasa qui chavira et coula dans le port de Stockholm le 10 août 1628, au cours de son voyage inaugural de 1 300 m à peine. Le Vasa était alors le navire le plus cher bâti en Suède. Il devait être un facteur décisif de puissance dans la flotte de Gustave II Adolphe. En 1961, on remonta l'épave et l'on entreprit un travail unique de conservation et de reconstruction. Un demi-million de visiteurs se pressent chaque année au Musée Vasa – le plus fréquenté du Nord – pour y admirer les merveilles de l'archéologie marine. Des expositions particulières sont organisées annuellement autour vieux bateau.

Till Djurgårdens förlustelser hör Gröna Lund, ett stort tivoliområde med mängder av förströelsearrangemang som passar såväl ung som gammal. Från pariserhjulet har man god utsikt över Djurgårdsstaden. Den som klarar höga farter kan pröva på berg- och dalbanans speciella tjusning! Men Gröna Lund är inte bara karuseller, lotteristånd och restauranger. I centrum av anläggningen finns en stor scen som regelbundet gästas av världsartister, allt från den klassiska skolan till dagens hetaste popstjärnor.

Another of Djurgården's popular attractions is the Gröna Lund amusement park which appeals to young and old alike. A fine view of Djurgårdsstaden is to be had from the top of the big wheel. Those who enjoy travelling at high speed can try the special thrills of the roller coaster switchback. But there is more to Gröna Lund than merry-go-rounds, lottery stalls and restaurants. In the centre of the park there is a big stage where top entertainers, from the classical school to the hottest contemporary pop stars, perform to the delight of big audiences.

Zu den Lustbarkeiten Djurgårdens gehört Gröna Lund, ein großer Vergnügungspark mit einer Menge von Veranstaltungen zur Zerstreuung für jung und alt. Vom Riesenrad aus hat man eine gute Aussicht auf die Djurgården-Stadt. Wem hohe Geschwindigkeit nichts ausmacht, der kann den Zauber der Geschwindigkeit auf der Berg- und Talbahn ausprobieren. Gröna Lund besteht jedoch nicht nur aus Karusellen, Lotterieständen und Restaurants. Im Zentrum der Anlage gibt es eine große Bühne, auf der Artisten aus aller Welt zu Gast sind, mit allem von der klassischen Schule bis zu den Popstars.

Parmi les lieux de distractions de Djurgården, citons aussi Gröna Lund, un immense parc d'attractions avec un nombre considérable de divertissements adaptés à chaque âge. Du haut de la Grande Roue, on a une belle vue sur la petite agglomération de Djurgårdsstaden. Les amateurs de vitesse peuvent s'essayer au plaisir particulier des montagnes russes! Mais Gröna Lund ne se traduit pas seulement par carrousels, stands de loteries et restaurants. Au centre de cet ensemble se dresse une grande scène sur laquelle des artistes de renommée mondiale viennent se produire, des classiques jusqu'aux vedettes du pop les plus en vue.

Gärdet, eller Ladugårdsgärdet som är det fullständiga namnet, hör till Djurgårdsområdet och drar också stora skaror av människor. Ett av de populäraste årliga arrangemangen är Stockholmsfilharmonikernas konsert under bar himmel på den öppna platsen framför Sjöhistoriska museet. Det betyder för många såväl andlig som lekamlig spis. Musik av högsta kvalitet att avlyssna medan man njuter av utflyktskorgens kyckling och vin.

Gärdet, or to give it its full name Ladugårdsgärdet, is part of Djurgården and also draws crowds of people. One of the most popular annual fixtures is the open-air concert given by the Stockholm Philharmonic in front of the National Maritime Museum. This gives audiences a spiritual and physical uplift as they listen to music of the highest standard while enjoying their chicken and wine.

Gärdet (das Feld), oder Ladugårdsgärdet (das Scheunenfeld) wie der vollständige Name lautet, gehört zum Djurgårdsgebiet und zieht auch große Menschenscharen an. Eine der beliebtesten Veranstaltungen ist das Konzert, das die Stockholmer Philharmoniker jährlich unter freiem Himmel geben; auf dem offenen Platz vor dem Seehistorischen Museum. Es bedeutet für viele sowohl geistige, als auch fleischliche Nahrung. Man hört Musik von höchster Qualität, während man sich Hühnchen und Wein aus dem Picknickkorb schmecken läßt.

Gärdet, ou Ladugårdsgärdet dont c'est le nom entier, fait partie du secteur de Djurgården et attire aussi les foules. Un événement annuel des plus populaires est le concert de l'orchestre philharmonique de Stockholm donné en plein air, sur la vaste place devant le Musée Historique de la Mer. Pour beaucoup, cela signifie une nourriture spirituelle autant que matérielle. Les amateurs écoutent de la musique de haute qualité tout en savourant le poulet et le vin tirés d'un panier de pique-nique.

Blickar man norrut från Skansenområdets högsta utsiktspunkt Bredablick ser man Gärdets hela väldiga grönområde ut mot Lidingö. Ett utropstecken är Kaknästornet som 155 meter högt syns över stora delar av Stockholm. Det används som TV-länktorn men har också en utsiktsplattform för allmänheten. Utsikten rekommenderas för den som vill få ett grepp om Stockholms skiftande natur och topografi. Den långsträckta vita byggnaden i bildens centrum är Sjöhistoriska museet. Inte långt från Gärdets allaktivitetsområde ligger Stadion, byggd till olympiska spelen 1912.

Looking out from Bredablick, which is Skansen's highest point, one can see the entire enormous expanse of Gärdet stretching towards Lidingö. The 155-metre-high Kaknästornet can be seen like an exclamation mark from many parts of Stockholm. It is basically a TV link tower but also incorporates a public lookout platform. The view is recommended to all who wish to get an impression of Stockholm's varied scenery and topography. The long, low white building in the centre of the picture is the National Maritime Museum. Not far from the Gärdet public recreation area is the Stadium, built for the 1912 Olympic Games and with room for 27 000 spectators.

Blickt man von Skansens höchstem Aussichtspunkt, Bredablick, in Richtung Norden, sieht man die ganze Grünanlage auf Lidingö hinaus. Ein Ausrufszeichen ist der 155 m hohe Kaknästurm, der über großen Teilen Stockholms zu sehen ist. Er wird als Fernsehumsetzer verwendet, hat aber auch eine Aussichtsplattform für die Allgemeinheit. Die Aussicht wird dem empfohlen, der sich eine Auffassung machen möchte über die wechselnde Natur und Topographie Stockholms. Der langgestreckte weiße Bau in der Bildmitte ist das Seehistorische Museum. Nicht weit vom Erholungsgebiet Gärdet liegt das Stadion, das für die Olympiade 1912 gebaut wurde und 27 000 Zuschauer faßt.

En jetant un coup d'oeil au nord de Bredablick, le plus haut point de Skansen, on aperçoit toute la vaste zone verte de Gärdet vers Lidingö. Comme un point d'exclamation, la tour de Kaknäs, haute de 155 m, se voit de presque partout à Stockholm. Elle sert de relais de télévision mais possède aussi un belvédère ouvert au public. Le panorama est recommandé à ceux qui veulent se faire une idée générale de Stockholm, de sa nature changeante et de sa topographie. Le long bâtiment blanc qui s'étend au milieu de la photo, représente le Musée Historique de la Mer. Non loin de Gärdet s'élève le Stade de 27 000 places édifié à l'occasion des Jeux olympiques de 1912.

Till Stockholms stora evenemang hör de årligen återkommande loppen maraton och tjejmilen. Särskilt det senare har blivit en mäktig manifestation av den folkrörelse som prioriterar träning och spänst. I tjejmilen deltar alla tänkbara kategorier, från elitlöpare till mera lekfulla damer. Det vilar något av karneval över staden när tiotusentals entusiastiska löpare fyller gatorna.

Big annual events in Stockholm include the marathon and Tjejmilen, a running race for women only. The latter in particular is a powerful manifestation of growing popular interest in physical training activities. Women runners of all kinds take part in Tjejmilen, from elite runners to more sportive mature matrons. There is something of a festive carnival spirit abroad in Stockholm when tens of thousands of enthusiastic runners take to the streets.

Zu den großen jährlichen Veranstaltungen in Stockholm gehören der Marathonlauf und Tjejmilen (10 000 m für Damen). Besonders letzteres ist zu einer Manifestation der Volksbewegung geworden, die Training und körperliche Gewandtheit an die Spitze stellt. In der Tjejmilen sind alle erdenklichen Kategorien vertreten – von Eliteläufern bis zu verspielteren Damen. Es liegt eine Art Karnevalsstimmung über der Stadt, wenn zehntausende enthusiastischer Läuferinnen die Straßen füllen.

Parmi les grands événements annuels de Stockholm, citons le Marathon et le Dix kilomètres – dames. Cette dernière course, devenue une grande manifestation des mouvements populaires, donne la priorité à l'entraînement et à l'agilité. Y participent toutes les catégories sportives, des coureuses d'élite aux amateurs. Il y a quelque choses de carnavalesque quand des dizaines de milliers de coureurs enthousiastes emplissent les rues de la ville.

Till Stockholms praktbyggnader hör Karlbergs slott. Det fick sitt nuvarande utseende 1670–72 och blev kungligt lustslott 1688. Drygt hundra år senare överläts slottet till Krigsskolan för utbildning av kadetter. Karlberg används än i dag som utbildningsanstalt för blivande officerare. Bilden visar en roddtävling i drakbåtar som arrangerades i samband med Stockholms vattenfestival. I förgrunden en deltagare i loppet Kungsholmen runt.

Karlberg Palace, with its roots in the 17th century, is one of Stockholm's grander buildings. Its present appearance dates from 1670–72 and it became a royal palace in 1688. Just over a century later it was transferred to the Royal Military Academy for use in cadet training, a function it retains to the present day. The picture on these pages shows a rowing contest in dragon boats arranged in conjunction with the Stockholm Water Festival. In the foreground, a runner in the race round Kungsholmen.

Zu den Prachtbauten Stockholms gehört Karlsbergs Schloß mit Ahnen aus der Mitte des 17. Jh. Es bekam sein jetziges Aussehen 1670–72 und wurde 1688 königliches Lustschloß. Gut hundert Jahre später wurde es der Kriegsakademie zur Ausbildung von Kadetten überlassen. Karlberg wird noch heute zur Ausbildung von Offiziersanwärtern verwendet. Das Bild dieses Aufschlags zeigt einen Paddelwettbewerb mit Drachenbooten, anläßlich des Stockholmer Wasserfestivals. Im Vordergrund ein Teilnehmer des Langlaufs Kungsholmen runt.

Le château de Karlberg fait partie des sompteux édifices de Stockholm et remonte au milieu du 17éme siècle. Il acquiert son aspect actuel en 1670–72 et devient résidence royale d'agrément en 1688. Quelque cent ans plus tard, le palais est cédé à l'Ecole de guerre pour y former des cadets. Le château reste toujours une institution pour la formation des futurs officiers. La photo de ces pages représente une course à la rame dans des drakkars. Cette compétition fait partie du Festival d'eau de Stockholm. Au premier plan, un participant à la course du Tour de Kungsholmen.

Som så många andra sevärda områden i Stockholms omedelbara närhet har Hagaparken kunglig bakgrund. Det var Gustav III som här 1771 köpte en lantgård för att kunna dra sig tillbaka från hovlivets alla krav. I dag är Hagaparken ett välbesökt grönområde. Bland sevärdheterna märks Koppartälten och Haga slott med Ekotemplet som används som regeringens gästslott. På udden Karlsborg ligger en kunglig begravningsplats. Enligt förslag skall Hagaparken förklaras som nationalstadspark för att den unika miljön med fauna och flora skall kunna bevaras.

As is the case with so many notable places just outside Stockholm, Hagaparken has a royal heritage. In 1771 Gustav III bought an estate here to which he could retire from the demands of court life. Hagaparken is today a popular recreation area. Some of its features are Koppartälten and Haga Palace with Ekotemplet in which the government puts up its quests. There is a royal cemetery at Karlsborg. A proposal has been put forward to proclaim Hagaparken a city nature reserve so that the unique fauna and flora may be preserved.

Wie so viele andere sehenswerte Gegenden in Stockholms unmittelbarer Nähe hat der Hagapark einen königlichen Hintergrund. Es war Gustav III. der hier 1771 ein Landgut kaufte, um sich von allen Anforderungen des Hoflebens zurückziehen zu können. Heute ist der Hagapark eine gutbesuchte Grünanlage. Zu den Sehenswürdigkeiten gehören die Kupferzelte und Haga Schloß mit dem Echotempel, der als Gästeschloß der Regierung verwendet wird. Auf der Halbinsel Karlsborg liegt der königliche Friedhof. Vorschlagsweise soll der Hagapark zum Nationalstadtpark erklärt werden, um die einzigartige Umwelt mit Flora und Fauna bewahren zu können.

Comme beaucoup de lieux intéressants dans les environs immédiats de Stockholm, le parc de Haga est, à l'origine, une création royale. Gustave III acquiert, en 1771, une ferme afin d'échapper aux obligations de la Cour. Aujourd'hui, le parc de Haga est un espace vert très fréquenté. Parmi les bâtiments remarquables élevés en cet endroit, citons les Tentes de cuivre, le Temple de l'Echo et le palais de Haga réservé aux hôtes et aux membres du Gouvernement. Sur le promontoire de Karlsborg s'étend un cimetière royal. Selon une proposition, le parc de Haga serait déclaré parc national afin de préserver le milieu unique de la faune et de la flore.

På Lidingön strax utanför Stockholm finns ett museum i världsklass. Det är Millesgården, skulptören Carl Milles bostad och ateljé byggd i början av 1900-talet. Här bodde han med sin hustru Olga fram till sin död 1955, med undantag för de år då han undervisade i USA. Repliker av konstnärens stora verk visas här i en imponerande skön miljö. Centralt står den kända Guds hand och Människan och Pegasus. På stora bilden ses också musicerande änglar.

Auf der Insel Lidingö, gleich außerhalb Stockholm, gibt es ein Museum der Weltklasse. Es ist der Millesgården, Haus und Atelier des Skulpteurs Carl Milles, das Anfang des 20. Jh. gebaut wurde. Hier wohnte er mit seiner Frau Olga bis zu seinem Tod 1955, mit Ausnahme der Jahre, in denen er in den USA unterrichtete. Repliken der großen Werke des Künstler werden hier in imponierend schöner Umgebung gezeigt. Im Mittelpunkt stehen die bekannten Werke Gottes Hand und der Mensch und Pegasus. Auf dem großen Bild sind auch die musizierenden Engel zu sehen.

There is a world-class museum on the island of Lidingö just outside Stockholm, namely Millesgården, the home and studio of Carl Milles built in the early 1900s. With the exception of the years he spent teaching in the USA, he spent his life there with his wife Olga until his death in 1955. Replicas of the sculptor's chief works are now on show there in a strikingly beautiful setting. Central pieces are God's Hand and Man and Pegasus. The large picture also shows angels playing music.

A Lidingön, juste aux abords de Stockholm, se situe un musée de niveau international: c'est Millesgården, la demeure et l'atelier du sculpteur Carl Milles, bâtis au début du 20ème siècle. Il y a habité avec son épouse Olga jusqu'à sa mort en 1955, en exceptant les années qu'il a passées aux Etats-Unis comme professeur. Des répliques de ses principales oeuvres sont exposées dans un superbe cadre. Prédominent: La main de Dieu et L'homme et Pégase. Sur la grande photo, on aperçoit aussi Les Anges musiciens.

Stockholms vattenfestival

Till högsommarens begivenheter i Stockholm hör Vattenfestivalen, ett stort evenemang som får hela staden att gunga under eggande rytmer. Innerstaden fylls av hundratusentals människor som kommer för att se spännande shower och dansuppvisningar. På Strömmens vilda vågor tävlar kanotister och havsguden Näcken dyker upp med en livslevande sjöjungfru. När kvällsmörkret sänker sig över staden flammar himlen upp av bländande fyrverkerier.

The Stockholm Water Festival

One of Stockholm's leading attractions at the height of the summer is the water festival, a major event which has the entire city swinging to its provocative beat. The city centre is invaded by hundreds of thousands of people who come to see the exciting shows and dancing. Canoeists compete on the choppy waves of Strömmen, and Kelpie the water spirit puts in an appearance with a real-life mermaid. As darkness falls over the city fireworks paint the night sky in a panoply of colour.

Das Stockholmer Wasserfestival

Zu den Begebenheiten des Hochsommers in Stockholm gehört das Wasserfestival, ein großes Ereignis, das unter aufreizenden Rhytmen die ganze Stadt in Bewegung bringt. Die City füllt sich mit hunderttausenden Menschen, die spannende Shows und Tanzaufführungen sehen wollen. Auf den wilden Wogen des Stroms wetteifern die Kanuten, und der Meeresgott Neck taucht mit einer leibhaftigen Nixe auf. Wenn sich die Dunkelheit über die Stadt senkt, flammt am Himmel ein blendendes Feuerwerk auf.

Le Festival d'eau à Stockholm

Aux célébrations de la mi-été appartient le Festival d'eau de Stockholm, un grand événement qui met en branle toute la ville et lui imprime son rythme. La cité s'emplit de centaines de milliers de personnes qui viennent suivre de magnifiques spectacles de musique et de danse. Sur les vagues tumultueuses de Strömmen, les canoteurs se mesurent et Näcken, le dieu de la mer, jaillit des flots en compagnie d'une sirène vivante. Et, quand tombe la nuit sur la ville, le ciel s'illumine de mille feux d'artifice multicolores.

Den som måhända tror på talet
om att skandinaver i allmänhet
och svenskar i synnerhet är ett
tyst och inbundet folk borde av-
sätta några dagar för att vara
med och känna på stämningen i
Stockholms vattenfestival. På
specialbyggda krogar på öppna
platser och i tält sker en allmän
förbrödring som kan anta rent
sydländska former i den härliga
trängseln.

Those who subscribe to the conten-
tion that Scandinavians in general
and Swedes in particular are a rather
quiet and withdrawn lot would do
well to set aside a day or two to ex-
perience at first hand the prevailing
atmosphere during the Stockholm
Water Festival. In specially erected
restaurants and cafés in public
places and in tents dotted here and
there, people get together in the glo-
rious crush in a way reminiscent of
more southerly climes.

Wer vielleicht glaubt, die Skandina-
vier im allgeimeinen und die Schwe-
den insbesondere, seien ein stilles
und verschlossenes Volk, der sollte
einige Tage damit verbringen, die
Stimmung beim Stockholmer Was-
serfestival zu spüren. In speziell ge-
bauten Kneipen, auf offenen Plätzen
und in Zelten, findet eine allgemeine
Verbrüderung statt, die in dem herr-
lichen Gedränge südländische For-
men annehmen kann.

Ceux qui croient que les Scandina-
ves en général et les Suédois en par-
ticulier, sont un peuple silencieux et
renfermé devraient se réserver quel-
ques jours pour participer au Festi-
val d'eau de Stockholm afin d'appré-
cier son atmosphère. Dans les cafés-
restaurants spécialement construits
pour la circonstance, sur les places
publiques et sous les tentes, naît une
fraternité qui peut paraître très méri-
dionale dans cette foule bon enfant.

Aktiviteterna på Stockholms vattenfestival är många. Den som känner för att dyka från det specialbyggda hopptornet är välkommen. Lugnare är det kanske att vid ett krogbord äta kräftor med tilltugg eller som de yngsta segla i väg med ett piratskepp. De kreativa slår ett slag för konsten och förevigar sina intentioner i glada färger på stora dukar. På humöret och skaparkraften är det inget fel!

There are plenty of things to do during the water festival – such as diving from the high tower, should that take your fancy. It is perhaps more peaceful to sit down and enjoy crayfish and trimmings, or simply to sail away from it all in a pirate ship. Those of a creative turn of mind can further the interests of art and commit their ideas to posterity in bright colours on an outsize canvas. There's no shortage of humour and creactivity!

Es gibt viele Aktivitäten beim Wasserfestival. Wem danach zumute ist, der kann von einem Sprungturm hinabtauchen. Ruhiger ist es vielleicht am Kneipentisch Krebse zu essen mit Zubrot, oder wie die jüngsten mit einem Seeräuberschiff davonzusegeln. Die Kreativen schlagen eine Schlacht für die Kunst und verewigen ihre Einfälle in frohen Farben auf großen Leinwänden. Am Humor und der Schaffenskraft ist nichts auszusetzen!

Nombreuses sont les manifestations pendant le Festival d'eau de Stockholm. Qui en a l'envie peut plonger du haut d'une tour aménagée à cet effet. Plus calme est de manger, à la table d'accueillantes guinguettes, des écrevisses avec des bricoles ou, comme les plus jeunes, partir à bord d'un vaisseau pirate. Les plus créatifs, enfin, se tournent vers l'art et donnent libre cours à leur inspiration au moyen de vives couleurs qu'ils étendent sur de grandes toiles. Tout est joie et créativité.

Stockholms ledande mattempel
är Operakällaren, inrymt i opera-
huset i hjärtat av staden med Ja-
cobs kyrka som närmaste gran-
ne. Här är det ofta liv och fart
och fläkt. I Club Opera träffas
det s k vackra folket och dansar
till nattens hetaste rytmer.

Operakällaren, located in the Opera
House in the heart of Stockholm
and opposite Jacob's Church, is the
city's leading restaurant. There is
usually plenty of bustle and action
here. Club Opera is where the so-
called beautiful folk meet and dance
the night away to the hottest
rhythms.

Der führende Tempel für Fein-
schmecker ist der Opernkeller im
Opernhaus im Zentrum der Stadt
und der Jacobskirche als nächstem
Nachbarn. Hier ist oft ewas los. Im
Club Opera trifft sich das sog. schö-
ne Volk und tanzt zu den heißesten
Rhytmen der Nacht.

Le temple du goût à Stockholm,
c'est Operakällaren, encastré dans le
bâtiment de l'Opéra, au coeur de la
ville et juste à côté de l'église St-
Jacques. C'est un lieu souvent animé.
Au Club Opera se retrouve la crème
de la société et l'on y danse le soir
sur des rythmes endiablés.

I Kungsträdgården öster om Jacobs kyrka är det aktiviteter från tidig morgon till sen kväll. Stockholmare på väg till jobbet passar på att förbättra formen med gymnastik. På kvällen stannar man upp en stund och lyssnar på artisterna på stora scenen. Däremellan kan man flanera runt Karl XII:s staty eller bara lugnt meditera på sin parkbänk.

Kungsträdgården lies to the east of Jacob's Church and there is always something going on there from morning to night. Stockholmers on their way to work take the opportunity to straighten themselves up with a few physical jerks. In the evening one can linger awhile and listen to the entertainers on the stage. Between times one can just stroll around the statue of Charles XII or simply sit and meditate on a park bench.

Im Kungsträdgården (Königsgarten) östlich der Jacobskirche ist man vom frühen Morgen, bis zum späten Abend tatkräftig. Stockholmer auf dem Weg zur Arbeit nehmen die Gelegenheit wahr, durch Gymnastik etwas für die Figur zu tun. Am Abend verweilt man, um den Artisten auf der großen Bühne eine Weile zuzuhören. Inzwischen kann man um das Denkmal Karls XII. spazieren oder auf einer Bank ruhig seinen Gedanken nachgehen.

A Kungsträdgården, à l'est de l'église St-Jacques, les activités sont constantes du petit matin au soir très tard. Les Stockholmois en route vers leur travail y font de la gymnastique pour se maintenir en forme. Le soir, les gens s'y arrêtent un moment pour écouter des artistes qui se produisent sur la grande scène. Dans l'entretemps, on peut aussi flâner autour de la statue de Charles XII ou méditer tout simplement assis sur un banc du parc.

93

Södermalm

Södermalm är enligt många Stockholms charmigaste stadsdel, en stad i staden byggd på de höga förkastningsbranterna mot Mälaren. Här skapades stadsmiljöer med stenhus och idylliska små trähus innan man hade lärt sig att betvinga bergen med sprängteknik. På östra Mariaberget finns åtskilligt kvar av den bebyggelse som kom till efter en brand 1759. Mellan kvarteren slingar sig smala, krokiga och på vissa ställen mycket branta gator. Under en period köptes mängder av fastigheter upp för totalsanering, men numera går man varligare fram och restaurerar eller bygger nytt i en stil som anpassar sig till befintlig bebyggelse. Bakom gamla fasader döljer sig i många fall moderna och ändamålsenliga kontors- och bostadsmiljöer.

Södermalm

Södermalm ist nach der Meinung vieler Stockholmer der bezauberndste Stadtteil – eine Stadt in der Stadt, gebaut auf den Verwerfungshängen zum Mälar-See hinaus. Hier wurde ein Stadtmilieu mit Steinhäusern und kleinen Holzhäusern geschaffen, bevor man lernte dem Berg mit Hilfe der Sprengtechnik beizukommen. Auf dem östlichen Mariaberg findet sich noch einiges von der Bebauung, die nach dem Brand 1759 zustande kam. Zwischen den Häuserblocks schlingern sich schmale, krumme und an vielen Stellen sehr steile Straßen. Zeitweise wurden viele Häuser zum Abbruch aufgekauft, jetzt geht man jedoch vorsichtiger damit um, und restauriert oder baut Neues in einem Stil, der sich an das befindliche anpaßt. Hinter alten Fassaden verstecken sich oft zweckdienliche Büros oder Wohnungen.

Södermalm

Many Stockholmers think that Södermalm is the most charming part of the city; a city within a city, built on high outcrops of rock facing Lake Mälaren. It was here that a conglomeration of brick buildings and idyllic small wooden houses sprang up before people got the hang of mastering rock with dynamite. Much remains in the eastern section of Marieberg of the buildings which grew up after a fire in 1759. Narrow, winding, and in some places very steep streets criss-cross the area. For a time properties were bought up and demolished wholesale in an extensive zone-clearance scheme, but nowadays developers are more circumspect and ensure that restoration work and new buildings are compatible with existing buildings. Many an old front conceals a modern office or dwelling.

Södermalm

Södermalm, pour beaucoup, est le quartier le plus séduisant de Stockholm, une ville dans la ville bâtie sur les hauteurs escarpées donnant sur le lac Mälar. Là, se sont créés des milieux urbains avec des immeubles de pierre et d'idylliques petites maisons de bois avant que l'on apprenne à niveler les montagnes au moyen d'explosifs. Sur la partie est de Mariaberget restent encore bon nombre de bâtisses élevées après l'incendie de 1759. Entre les blocs de maisons serpentent de petites rues étroites, tortueuses et parfois raides. Au cours d'une certaine période, bien des constructions ont été achetées en vue de leur démolition. A présent, on agit avec plus de discernement et l'on restaure ou l'on édifie de nouvelles maisons dans un style qui s'adapte aux bâtiments existants. Derrière les anciennes façades se cachent souvent des bureaux et des habitations modernes.

När man promenerar på Söder-
malm tror man sig stundom för-
flyttas till gångna sekler. Maria
kyrka är byggd på resterna av ett
medeltida kapell och under ti-
dernas lopp tillbyggd i omgång-
ar. Det finns gott om gamla hus
kvar, oftast väl hållna och inte
sällan bebodda av konstnärer
och kulturarbetare. Det är myc-
ket populärt att leva och verka i
Södermalms kulturkvarter.

It is easy to feel whisked back into
an earlier century when strolling
around Södermalm. Maria Church
stands on the foundations of a me-
dieval chapel and has been extended
over the years. Plenty of old houses
remain; they are usually in excellent
condition and not seldom the homes
of artists and cultural workers. It is
extremely fashionable to live and
work in the Södermalm culture-
reserve.

Wenn man durch Södermalm spa-
ziert, glaubt man sich zeitweise in ver-
gangene Jahrhunderte versetzt. Die
Mariakirche wurde auf den Resten
einer mittelalterlichen Kapelle er-
baut und im Laufe der Zeit mehr-
mals angebaut. Alte Häuser sind
noch reichlich vorhanden. Sie sind
oft gut erhalten und werden nicht
selten von Künstlern und Kultur-
arbeiten bewohnt. Es ist sehr beliebt
in Södermalms Kulturviertel zu
leben und zu schaffen.

Quand on se promène à Södermalm,
on se croirait parfois transporté dans
un passé lointain. L'église Ste-Marie
s'érige sur les ruines d'une chapelle
du Moyen Age et, au cours des
temps, elle a été rebâtie plusieurs
fois. Il reste encore bon nombre
d'anciennes maisons, le plus souvent
bien conservées, fréquemment habi-
tées par des artistes ou des travail-
leurs culturels. Il est très recherché
de vivre et de travailler dans les an-
ciens quartiers de Södermalm.

97

När man hör en tupp gala i denna idyll på Södermalms höjder kan man förledas tro att man har förflyttats till rena bondlandet. Ändå är det bara några minuters väg ner till Stockholms fashionabla citykvarter och stadshuset på andra sidan Riddarfjärden.

When you hear a cock crowing on the idyllic heights of Södermalm it is easy to imagine yourself in the depths of the country. In fact it is only a few minutes from the fashionable city centre and the City Hall across Riddarfjärden.

Wenn man einen Hahn auf der Höhe in dieser Idylle krähen hört, kan man sich auf einen Bauernhof versetzt fühlen. Es ist trotzdem nur wenige Minuten Weg zu den modernen Vierteln der Stockholmer City und dem Stadshus auf der anderen Seite der Riddarfjärden.

Quand on entend un coq chanter sur les hauteurs idylliques de Södermalm, on pourrait se croire à la campagne, et pourtant on se trouve à quelques minutes à peine des quartiers élégants de la capitale et de l'Hôtel de Ville, de l'autre côté de Riddarfjärden.

99

Södermalm är inte bara sekel-skifteshus och pittoreska kulturhus. På Södra stationsområdet har det vuxit upp ett nytt affärs- och bostadsområde som söker sin like rent arkitektoniskt. Bofills båge kallas ett halvcirkelformat huskomplex som ger karaktär åt området och famnar den stora öppna ytan vid Medborgarplatsen. Den rena utformningen med djärva arkitektoniska grepp och byggnadselement skapar en helt ny atmosfär på detta område av Södermalm som förut var reserverat för järnväg och småindustrier.

There is more to Södermalm than turn-of-the-century buildings and cultural workers' houses. In the South Station district a new shopping and residential area has grown up which is architecturally unequalled. A semi-circular building complex called Bofills båge gives character to the area and embraces the large open space of Medborgarplatsen. The clean design and daring architectural innovations impart a completely new atmosphere to this part of Södermalm, which in former days was the preserve of the railways and light industry.

Södermalm besteht nicht nur aus Häusern der Jahrhundertwende und malerischen Kulturhäusern. Im südlichen Bahnhofsgebiet ist eine neue Geschäfts- und Wohngegend entstanden, die architektonisch ihresgleichen sucht. Bofills båge wird ein kreisförmiger Häuserblock genannt, der der Gegend Charakter gibt und die große, offene Fläche am Medborgar-Platz umfaßt. Die reine Formgebung mit dem derben architektonischen Griff und den Bauelementen erzeugt eine ganz neue Athmosphäre Södermalms, das früher für die Eisenbahn und Kleinindustrien reserviert war.

Södermalm ne comprend pas seulement des immeubles du 19ème siècle finissant mais aussi de pittoresques maisons anciennes. Dans la zone de la Gare du sud se sont développés de nouveaux centres d'affaires et d'habitation en quête d'une architecture d'avant-garde. Un complexe résidentiel en demi-cercle, appelé l'arc de Bofill, donne un caractère particulier à ce lieu et embrasse la grande place ouverte à Medborgarplatsen. Cette forme pure à l'architecture osée ainsi que les éléments de la construction créent une nouvelle atmosphère dans cette partie de Södermalm qui auparavant était réservée au chemin de fer et aux petites industries.

Strax söder om Södermalm ligger den klotformade arenan Globen, vilande som en jättelik boll bland hotell, kontor, service- och hyreshus. Den åttio meter höga sfären rymmer 16 000 åskådare. Från en närbelägen skidbacke har man god utsikt norrut över Södermalm med Hammarby kanal, en av yrkestrafikens förbindelselänkar mellan Mälaren och Saltsjön. T h: en ensam seglare på Riddarfjärden med Högalidskyrkans två torn i fjärran.

To the immediate south of Södermalm the Globe arena rests like an enormous ball among hotels, office buildings, service and residential buildings. There is room inside the 80-metre-high sphere for 16 000 spectators. There is an excellent view from the nearby ski slope north over Södermalm and Hammarby Canal, a communication link between Lake Mälaren and Saltsjön. Right: A solitary sailor on Riddarfjärden with the twin towers of Högalid Church in the distance.

Gleich südlich von Södermalm liegt die kugelförmige Arena Globen (der Globus), ruhend wie ein riesiger Ball zwischen Hotels, Büros, Service- und Wohnhäusern. Die achtzig Meter hohe Kugel faßt 16 000 Zuschauer. Von einem nahgelegenen Skihang aus, hat man in Richtung Norden eine gute Aussicht auf Södermalm und den Hammarby-Kanal, einem Bindeglied für den gewerblicken Verkehr zwischen dem Mälar-See und Saltsjö. Rechts: Ein einsamer Segler auf der Ritterförde mit den beiden Türmen der Högalidskirche in der Ferne.

Juste au sud de Södermalm s'élève le dôme de l'arène Globen qui repose comme un énorme ballon parmi les hôtels, les bureaux et les habitations. Sous cette sphère, haute de 80 m, peuvent prendre place 16 000 spectateurs. Depuis une piste de ski toute proche, on a une belle vue vers le nord sur Södermalm avec le canal de Hammarby, par lequel transite la plus grande partie du frêt maritime entre le lac Mälar et Saltsjön. A droite, un voilier solitaire sur Riddarfjärden avec, au loin, l'église de Högalid et ses deux tours.

Denna bild är tagen från Mosebacke på Södermalm 1878. Hela området på bildens vänstra halva är numera ombyggt till en sinnrik trafikapparat med namnet Slussen och husen i förgrunden har ersatts av moderna kontorshus. Måhända tänker författaren August Strindberg (1849–1912, 29 år gammal när fotot togs) tankar om tingens förvandling där han sitter i ensamt kraftfullt majestät på sin piedestal i Tegnérlunden.

This picture was taken from Mosebacke on Södermalm in 1878. The entire area on the left of the picture is today occupied by a road and water flyover called Slussen, while the buildings in the foreground have been replaced by modern office buildings. The author August Strindberg (1849–1912) was 29 years old when the picture was taken, and he is perhaps contemplating the changing world as he sits in solitary majesty on his pedestal in Tegnérlunden.

Dieses Bild ist 1878 von Mosebacke auf Södermalm aus aufgenommen worden. Das ganze Gebiet auf der linken Seite des Bildes ist jetzt zu einem sinnvollen Verkehrsplatz mit dem Namen Slussen umgebaut worden. Die Häuser im Vordergrund wurden durch moderne Bürohäuser ersetzt. Es kann sein, daß der Schriftsteller August Strindberg, 1849–1912, über die Veränderung der Dinge nachdenkt, (er war 29 Jahre alt, als das Bild entstand) wie er dort majestätisch einsam und kraftvoll auf seinem Sockel im Tegner-Hain sitzt.

Cette photo, prise de Mosebacke à Södermalm, date de 1878. Tout le secteur représenté sur le côté gauche de la photo est maintenant transformé en un ingénieux échangeur nommé Slussen, et aux maisons du premier plan succèdent des immeubles modernes de bureaux.
L'écrivain August Strindberg (1849–1912, photo qui le représente à l'âge de 29 ans), assis seul, puissant et majestueux sur son piédestal à Tegnérlunden, pense peut-être à la mutation des choses.

Även från Fjällgatan på Söder-malm, inte långt från Mose-backe, har man en hisnande utsikt över Gamla stan och det inre Stockholm. I förgrunden väntar isbrytare på kommande vinteruppdrag i nordliga far-vatten. Vid Stadsgårdskajen har också kryssningsfartyg från fjärran länder sin plats i ham-nen.

From Fjällgatan on Södermalm, close to Mosebacke, there is a breathtaking view of the Old Town and central Stockholm. In the fore-ground icebreakers wait pensively for future spells of duty in northern waters. Liners from distant countries also have their berths alongside the quay at Stadsgården.

Von der Fjällgatan auf Södermalm, gleich in der Nähe von Mosebacke, hat man eine schwindelerregende Aussicht über die Gamla stan und die City. Im Vordergrund warten Eisbrecher auf Winteraufträge in nördlichen Gewässern. Am Stads-gårdskai haben auch die Kreuzfahrt-schiffe aus fernen Ländern ihren Platz im Hafen.

De Fjällgatan à Södermalm, tout près de Mosebacke, le visiteur a une merveilleuse perspective sur Gamla stan et l'intérieur de la ville. Au pre-mier plan, le brise-glace attend de nouvelles tâches d'hiver dans les eaux septentrionales. Au quai de Stadsgården, les navires de croisières venus des pays lointains ont leur place réservée dans le port.

Stockholms omgivningar

Till det som alltid lockar besökare i Stockholm hör den berömda skärgården med sommaridyllen Vaxholm. Här samlas båtentusiaster i hamnen vid den gamla försvarsanläggningen Vaxholms fästning. För seglare i skärgården finns alltid en trygg hamn och på öarna är vårens blomsterprakt en syn som man sällan glömmer. Antalet öar i Stockholms skärgård sägs vara 25 000 och många kan lätt nås från Stockholms centrum med den flotta av mindre fartyg och utflyktsbåtar som trafikerar området.

The Outskirts of Stockholm

The renowned archipelago and the summer idyll of Vaxholm never fail to fascinate visitors to Stockholm. Members of the boating fraternity gather in the harbour at the foot of the old Vaxholm Fort. Sailors in the archipelago will always find a safe haven, and the splendour of spring flowers is seldom forgotten. There are said to be 25 000 islands in the Stockholm archipelago and many of them can be reached by the small vessels and excursion boats that serve the region.

Stockholms Umgebung

Zu dem, was immer die Besucher Stockholms anlockt, gehören die berühmten Schären mit der Sommeridylle Vaxholm. Hier versammeln sich die Bootbegeisterten an der alten Verteidigungsanlage Vaxholms fästning. Für Schärensegler gibt es immer einen geborgenen Hafen. Auf den Inseln ist die Blumenpracht des Frühlings ein Anblick, den man selten vergißt. Es soll 25 000 Inseln in den Schären geben, und viele können leicht von Stockholms Zentrum aus mit einer Flotte von kleineren Schiffen und Ausflugsdampfern erreicht werden, die in der Gegend verkehren.

Les alentours de Stockholm

Le célèbre archipel, avec l'idyllique ville de Vaxholm, attire toujours les visiteurs en été. Les fanatiques du bateau se réunissent dans le port près du vieux fort de Vaxholm. Pour les amateurs de voile dans l'archipel, il y a toujours un port sûr et, sur les îles, les floraisons printanières créent un spectacle que l'on oublie rarement. On prétend que le nombre des îles de l'archipel de Stockholm se monte à 25 000 dont beaucoup peuvent être facilement atteintes du centre de Stockholm avec des navires de faible tonnage ou des bateaux de tourisme qui naviguent dans cette région.

Sandhamn heter Stockholms seglarparadis med världens finaste kappseglingsbanor och gynnsammaste vindar. Här har Kungliga Svenska Segelsällskapet sin klubbhamn och sommartid kan det vara trångt vid förtöjningsbojar och bryggor. Här tävlas varje sommar om de åtråvärda troféerna i världens största havskappsegling, Gotland Runt med deltagare från alla stora seglarnationer. Tidigare hade Sandhamn stor betydelse som lotsplats men i dag är den huvudsakligen en omtyckt sommarö för fritidsboende.

Sandhamn heißt das Seglerparadies Stockholms, mit der feinsten Regattastrecke der Welt und den günstigsten Winden. Hier hat die Königlich Schwedische Segelgesellschaft ihren Clubhafen, und im Sommer kann es eng sein an den Vertäuungsbojen und Stegen. Hier wird jeden Sommer um die begehrte Trophäe der größten Regatta der Welt – Gotland Runt – gekämpft. Sie hat Teilnehmer aus allen großen Segelnationen. Früher hatte Sandhamn grosse Bedeutung als Lotsenstation, aber heute ist es hauptsächlich eine beliebte Insel für Sommerfrischler.

Sandhamn is Stockholm's sailing paradise with the world's finest regatta courses and most favourable winds. This is the home port of the Royal Swedish Yacht Club and conditions can be pretty crowded at buoys and jetties in the summer months. This is also where boats from the world's major sailing nations compete every summer for the coveted trophies in the Gotland Runt Race, the world's biggest ocean sailing race. Sandhamn was previously a very important pilot station, but nowadays it is primarily a popular retreat for summer residents.

Sandhamn, tel est le nom du paradis de la voile de Stockholm, avec les meilleures routes pour la course ainsi que des vents favorables. C'est là que le Club Royal de Voile Suédois a son port privé et, en été, on peut se trouver à l'étroit entre les bouées et les embarcadères. Là aussi, on organise chaque été, la plus importante course de voiliers en haute mer, le Tour de Gotland, à laquelle participent des barreurs internationaux. Les vainqueurs reçoivent des trophées très convoités. Auparavant, Sandhamn jouait un grand rôle comme base de pilotes. Elle est devenue aujourd'hui une île appréciée et fréquentée surtout par les estivants.

Båtutflykter på Mälaren bjuder också på många sevärdheter, t ex den lilla staden Mariefred med Gripsholms slott, som började byggas av Gustav Vasa år 1537. Slottets historia är i dubbel mening fängslande. Här har en rad svenska kungar och drottningar levt i överflöd eller som fångar i de beryktade fängelsehålorna. I dag finns statens porträttsamling att se i de praktfulla salarna.

Ett annat magnifikt slott är Skokloster i Uppland, byggt under mitten av 1600-talet av fältherren Carl Gustav Wrangel. Med sina samlingar av möbler, vapen och konst är slottet en mycket stor sevärdhet.

Boat trips on Lake Mälaren also offer a lot of interesting sights, such as the small town of Mariefred and Gripsholm Palace, which Gustav Vasa started to build in 1537. The palace's history is captivating in more ways than one, as it was here that several Swedish sovereigns lived either in luxury and power or languished in the infamous deep dungeons. Nowadays the national portrait collection can be seen in the magnificent halls.

Another imposing palace is Skokloster in the county of Uppland, built in the mid-1600s by Carl Gustav Wrangel, the military commander who made his fortune in the Thirty Years' War. With its collections of furniture, weapons and works of art the palace is a remarkable place and well worth visiting.

Bootausflüge auf dem Mälar-See ins Binnenland hinein, bieten auch viele Sehenswürdigkeiten an. So z.B. die kleine Stadt Mariefred mit dem Schloß Gripsholm, mit dessen Bau von Gustav Vasa 1537 begonnen wurde. Die Geschichte des Schlosses ist in doppelter Bemerkung fesselnd. Hier haben eine Reihe schwedischer Könige und Königinnen in Saus und Braus gelebt oder wurden in den berüchtigten Verliesen gefangengehalten. Heute ist in den prächtigen Sälen die staatliche Porträtsammlung zu sehen.

Ein anderes großartiges Schloß ist Skokloster in Uppland, Mitte des 17. Jh. gebaut vom Feltherrn Carl Gustav Wrangel, der im Dreißigjährigen Krieg zu Reichtum kam. Mit seinen Sammlungen von Möbeln, Waffen und Kunst ist das Schloß ein großes Kuriosum.

Une promenade en bateau sur le lac Mälar vers l'intérieur, permet de découvrir bien des curiosités, par exemple, la petite ville de Mariefred avec le château de Gripsholm que Gustave Vasa entreprit de bâtir en 1537. L'histoire de l'édifice est intéressante à double titre. Une série de rois et de reines de Suède y vécurent dans l'opulence et la puissance, d'autres y séjournèrent comme captifs dans des cachots d'affreuse réputation. Aujourd'hui, dans les salles somptueuses, on expose une collection nationale de portraits.

Un autre château magnifique est celui de Skokloster à Uppland, édifié au milieu du 17ème siècle par l'amiral Carl Gustav Wrangel qui s'enrichit au cours de la Guerre de Trente ans. Avec ses collections de meubles, d'armes et d'art, le palais vaut bien une visite.

Av de kungliga slotten är Drottningholm på Lovön väster om Stockholm det i särklass ståtligaste och mest uppmärksammade, inte minst sedan kung Carl Gustaf och hans familj valt slottet som sin huvudbostad. Det är ett Versailles i miniatyr och började uppföras 1662 efter ritningar av Nicodemus Tessin d ä. Den omgivande parken med en fransk och en engelsk del, är en upplevelse att besöka. En sevärdhet i världsklass är också den intillliggande slottsteatern byggd 1764–66 som fortfarande har scenmaskineri och dekorer i original bevarade. Föreställningar ges varje sommar.

Of all the royal palaces, Drottningholm on Lovö island to the west of Stockholm is by far the most impressive and renowned, not least since King Carl Gustaf and his family made it their principal residence. It is a miniature Versailles, on which work was started in 1662 to the design of Nicodemus Tessin the Elder. A walk in the grounds, which are laid out in the French and English styles, is a delightful experience. Another unique sight is the adjacent palace theatre, which was built 1764–66 and still retains the original stage machinery and decorations. Performances are given in the summer season.

Von den königlichen Schlössern ist Drottningholm auf der Insel Lovö, westlich von Stockholm, in einer Klasse für sich das stattlichste und meist beachtete; nicht zuletzt seit der König Carl Gustaf und seine Familie es zu ihrer Hauptwohnung gewählt haben. Es ist ein Versailles im Miniaturformat. Mit dem Bau wurde 1662 nach Zeichnungen von Nicodemus Tessin d.Ä. begonnen. Der umgebende Park hat einen französischen- und einen englischen Teil. Es ist ein Erlebnis ihn zu besuchen. Ein Kuriosum in Weltklasse ist auch das Schloßtheater nebenan, das 1764– 66 gebaut wurde und dessen Bühnenmaschinerie und Dekoration noch im Originalzustand bewahrt sind. Festvorstellungen werden jeden Sommer gegeben.

Parmi les palais royaux, celui de Drottningholm à l'île de Lovö, à l'ouest de Stockholm, est sans conteste le plus fastueux et le plus remarquable, surtout depuis que le roi Carl Gustaf et sa famille l'ont choisi comme résidence principale. C'est un Versailles en miniature dont le premier bâtiment date de 1662 et qui a eu pour architecte Nicodemus Tessin l'Ancien. Le parc qui l'entoure, avec ses jardins à la française et à l'anglaise, mérite bien une visite. A voir aussi, tout à côté du palais, le théâtre édifié en 1764–66 et qui a conservé sa machinerie de scène et ses décors originaux. On y donne des représentations chaque été.

Vinterstockholm

När Stockholm kläs i vinter-
skrud blir det liv och fart på
skridskobanor, i skidspår och
kälkbackar. Det är ingen tve-
kan om att stadens innevånare
i alla åldrar förstår att uppskat-
ta den kalla årstidens fröjder.
I Kungsträdgården får nybör-
jarna ta sina första skär på stål-
skodd fot. Vid Strandvägens
kaj vilar skutorna orubbligt fas-
ta i isen. I bakgrunden Nordis-
ka museet på Djurgården.

Stockholm in Winter

When Stockholm is dressed for win-
ter the skating rinks, ski trails and
toboggan slides burst into life. There
is no mistaking the zest with which
the city's inhabitants enjoy the de-
lights of the season. In Kungsträd-
gården beginners take their first
faltering steps on steel-shod feet.
Wooden boats lie imprisoned in the
ice alongside the quay at Strand-
vägen with the Nordic Museum on
Djurgården in the background.

Stockholm im Winter

Wenn Stockholm seine Wintertracht
anlegt, kommt Leben in die Eislauf-
bahnen, Skispuren und Schlittenhü-
gel. Es besteht kein Zweifel, daß die
Einwohner der Stadt in allen Alters-
klassen es verstehen, die Freuden
der kalten Jahreszeit zu würdigen.
Im Kungsgrädgården machen An-
fänger ihre ersten Schritte auf stahl-
geschuhten Füßen. Am Kai vom
Strandvägen liegen die Motorsegler
im Eis festgefroren. Im Hintergrund
das Nordische Museum auf Djur-
gården.

L'hiver à Stockholm

Quand Stockholm revêt son man-
teau d'hiver, la vie et l'activité re-
prennent sur les patinoires, les pistes
de ski et les pentes où glissent les lu-
ges. Il est incontestable que les ha-
bitants de tous âges savent apprécier
les joies de la saison froide. A Kungs-
trädgården, les débutants exécutent
leurs premières glissades sur leurs
lames d'acier. Le long du quai de
Strandvägen, les bateaux sont pris
dans les glaces. Au fond, le Musée
Nordique à Djurgården.

Över Södermalms silhuett reser sig i vinterdiset Katarina kyrkas mäktiga och karakteristiska kupol, förstörd vid en brand 1990 men återuppbyggd. Strömmens öppna vatten ryker i den bistra vinterkylan. På Östermalmstorg, framför Hedvig Eleonora kyrka, tindrar julgranen inbjudande i decemberkvällen.

The mighty, characteristic dome of Katarina Church rises out of the winter mist on the skyline of Södermalm. The church was gutted by fire in 1990 but is now rebuilt. The open water of Strömmen reeks in the bitter winter cold. A Christmas tree twinkles invitingly at Östermalmstorg in front of Hedvig Eleonora Church.

Über der Silhouette von Södermalm erhebt sich die mächtige Kuppel der Katarina-Kirche im Winterdunst. Sie wurde 1990 bei einem Brand zerstört, ist aber wieder aufgebaut worden. Das offene Wasser des Stroms dampft in der Winterkälte. Auf dem Östermalms torg strahlt vor der Hedvig Eleonora-Kirche einladend ein Weihnachtsbaum am Dezemberabend.

Par-dessus la silhouette de Södermalm se dresse dans le brouillard de l'hiver la caractéristique et puissante coupole de l'église de Ste-Catherine, détruite par un incendie en 1990 mais rebâtie depuis. Les eaux libres de glace de Strömmen fument sous le rude froid de l'hiver. A Östermalmstorg, devant l'église d'Hedvig Eleonora, étincelle un merveilleux sapin de Noël dans une sombre nuit de décembre.

Den folkkäre poeten och trubaduren Evert Taube (1890–1976) använde ofta motiv från Stockholm och skärgården i sin diktning. Här är han förevigad i brons av Willy Gordon.

Evert Taube (1890–1976), a popular singer and poet, frequently found inspiration for his works in Stockholm and the archipelago. This sculpture in bronze is by Willy Gordon.

Der beim Volk beliebte Troubadour und Dichter Evert Taube (1890–1976) verwendete oft Stockholm und die Schären in seiner Dichtung. Hier ist er in Bronze verewigt worden von Willy Gordon.

Evert Taube (1890–1976), poète et troubadour très populaire, s'est souvent inspiré dans ses vers de motifs suggérés par Stockholm et son archipel. Le voilà coulé dans le bronze par Willy Gordon.

© Bobby Andström 1994

Photos by the Author

Map by Stockholms stadsbyggnadskontor

English translation by William Plumridge

German translation by Horst Niewiadomski

French translation by M. and J.-J. Luthi

Design and production by
Anders Rahm Bokproduktion

Printed by New Interlitho, Milano 1994

ISBN 91-46-16456-1